湖田白瓷美境

王梦林　商晏雯◎著

人民出版社

责任编辑：洪　琼

版式设计：吴　桐

图书在版编目（CIP）数据

湖田白瓷美境 / 王梦林，商晏雯著 . —北京：人民出版社，2020.9

ISBN 978 - 7 - 01 - 021783 - 3

I. ①湖…　II. ①王…②商…　III. ①白瓷（考古）- 研究 - 中国

　IV. ① K876.34

中国版本图书馆 CIP 数据核字（2020）第 005668 号

湖田白瓷美境

HUTIAN BAICI MEIJING

王梦林　商晏雯　著

人民出版社 出版发行

（100706　北京市东城区隆福寺街 99 号）

中煤（北京）印务有限公司印刷　新华书店经销

2020 年 9 月第 1 版　2020 年 9 月北京第 1 次印刷

开本：710 毫米 ×1000 毫米 1/16　印张：14.5

字数：210 千字

ISBN 978 - 7 - 01 - 021783 - 3　定价：79.00 元

邮购地址 100706　北京市东城区隆福寺街 99 号

人民东方图书销售中心　电话（010）65250042　65289539

序 言

彭富春 /

　　古瓷器学者王梦林教授的著作《湖田白瓷美境》探讨了湖田白瓷的审美意义。

　　中国是瓷器之国。瓷器可以说是中国最早制造的独特的器具之一。人们以陶土制坯，施加釉料，然后以火烧之，终成器具，用以盛物。依据生活的需要，人们制作了各种不同形态的瓷器，如有瓷瓶、瓷壶、瓷杯等。此外，人们还烧制了人物、花鸟和山水的瓷器图形。尽管如此，瓷器首先是作为工具来实现人的欲望而存在的。一个瓷瓶、瓷壶或瓷杯盛满了水、茶或酒，人们将其倒入口中，消除了饥渴，满足了味觉。通过瓷器这一器具，人与水或者食物这些所欲物建立了关联。但瓷器作为器具不仅相关于人的欲望，而且也相关于人的生活的真理。这种真理表现为一种指引性的观念或者思想，在中国历史上就是儒道禅的智慧。这些大道也显现在不同时代的瓷器所刻画的人物和图案上。

　　随着人的存在自身的生成和生活世界的变化，瓷器不仅是可供使用的，而且也是可供观看的。它由一个可用性的器具而转变成一个不可用的作品。一个器具是以他物的存在为目的的，而一个作品则是以自身的存在为目的。因此，作为作品的瓷器是独立自足的。当人们观赏瓷器的时候，他能获得一种无利害或者是超功利的快感。这在于人不进入物自身，同时物也不进入人自身。不仅物保持其自由的存在，而且人也保持其自由的存在。此时的瓷器就获得了纯粹的审美的意义。事实上，中国瓷器经历了一个从功用到审美的变迁过程，并迄今为止保持为功用和审美的双重存在。一方面，瓷器依然作为器具，服务于人的生活和生产；另一方面，瓷器也作为艺术，成为人们审美的创造。

中国瓷器具有丰富多彩的历史。西周之前的古陶的内容表达了人们对于神灵和天地的敬畏，其装饰形式粗略。西周到汉代的硬纹陶和原始青瓷的内容以现实生活为主，其装饰形式具体而丰富。宋代是中国瓷器发展的顶峰，单色釉瓷器成为其主导，以瓷为玉作为其最高境界。其内容包括了生活世界的方方面面，其装饰形式则注重韵外之致。从元代到清代，随着青花瓷器的成熟，中国瓷器的审美出现了断层式的变化。其内容当然也是其时代世俗生活的描写，但其装饰形式烦琐而精巧，华丽而媚俗，青花、粉彩和珐琅彩是其主要形态。在这漫长的历史进程中，湖田的白瓷无疑是一颗光而不耀的星星。白色既是本色，也是无色。它能从虚无之中生成出无限的颜色出来，而产生出不可言说的审美意义。

王梦林教授热爱古瓷，收藏并研究古瓷，写出了一本关于湖田白瓷的审美意义的专著，填补了国内该领域探索的空白。愿他的洞见能激发人们对于白瓷的喜爱并获得审美的愉悦。

2019 年 10 月 28 日于武汉大学

前 言

　　曾几何时，有几个问题始终萦绕着我，多少年来都不能释怀。为什么书写的纸是白色的？为什么绘画的用纸是白色的？为什么多数瓷器是白色或底釉是白色的？自古以来，白色广为使用，其类型变化多样，如有牙白、青白、灰白、乳白、玉白。而现在的炽白应用广泛，其从何而来？又是如何被人们界定为标准的白色，并具有普世性的审美认同的？

　　色彩学里，有五种色具有稳定性，其特征没有任何倾向性，黑、白、灰、金和银，这五种色只能与其他颜色调和、点缀及衬底使用，我们称之为中性色。其中白色的运用更为频繁，书写以白纸为底；水彩画以白纸为底，借水调色在白底上幻化浓淡；油画以白布为底，再以白色颜料调和其他色彩的颜料进行描绘；中国画同样是以白色宣纸为底，用墨彩描绘并注重画面留白。看来，对白色充分和谨慎地运用，可保证艺术作品的质量，提升艺术的审美及意境。

　　在研究中国古陶瓷艺术史的过程中，我一直怀揣着对白色的好奇心，希望能找到白色的发展规律，最终落实白色意境审美的合理性。纵观中国陶瓷的发展历史，新石器时期原始陶的产生，有黑陶、灰陶、红陶和白陶，陶是原生泥土烧制而成，此时的白陶也许是人造器物中最早的白色，其产生的意义非同寻常，它启蒙了人类对白色的认识并主动运用。随着商周时期硬陶的精工细化，原始青瓷的产生对中国古陶带来了一次重大的技术革新。到了汉代，青瓷日趋成熟，并广泛烧造与使用。由于这段时期是青瓷的产生、培植与发展期，对白色在陶瓷上的运用关注甚少，只是在北魏时期有少数北方窑口开始烧制白釉瓷。但是到了隋唐时期，青瓷的发展已十分成熟，青釉的配制技术直接带来白釉配制技术的产生。所以，隋唐烧造的白釉瓷起点高、品质好，如隋唐时期河北的邢窑和河南的巩县窑所生产的白釉瓷器，都是当时瓷业中的佼佼者。五代和北宋时期，中国的北方和南方，黄河流域及长江流域都开始烧制白釉瓷器，产量明显赶超青瓷，可以说从宋代开始，中国的瓷器已经由青瓷为主的局面，逐步转变成以白瓷为主的趋势，并在元、明、清、民国及现代完全控制了瓷器发展的方向。

正因如此，选择五代及北宋时期的白釉瓷器作为研究的起点。若探讨白釉瓷在千年的历史长河中之演变规律，则需要有千年白瓷烧造历史的古窑，且薪火相传，并一直影响着世界，此乃非景德镇白瓷莫属。而湖田窑是景德镇宋代瓷窑中烧制技术和质量最好的窑口，所以对湖田窑白瓷的研究是合情合理的，是具有代表性和说服力的。

古时，对白釉意境的解读是众说纷纭的，以牙白和玉白最符合王公贵族及文人雅士的审美，并以此为尊。牙白和玉白多出现在北方窑口，而南方的窑口多烧制青白、灰白和乳白。由于北方在历史上常处在战争与动乱之中，所以瓷窑毁坏性大，烧造的持续性出现撕裂与断层，技术缺乏延续性，不利于系统归纳与分析。所以，朝代的更替碾压了北方崇尚牙白的审美意境。有幸的是，中国是一个崇尚玉的国度，无论北方还是南方都深知白玉的美境，只有玉白的审美情结仍在保留并在南方广为流传，深受后人的喜爱。

说到宋代景德镇湖田窑，这是一个庞大的窑系，笔者实地考察了杨梅亭、石虎湾和黄泥头等五代窑址，也走访了湖田、湘湖、南市街和柳家湾等宋代窑址。各个窑址所烧造的瓷器品种均大同小异，皆有精品出现。但综合分析，湖田窑址的烧制系统则更为完整，技术更加全面，成品率更高，品种类型更加丰富，烧造历史更长久，脉络更清晰，具有官窑气质。

通过对湖田窑白瓷的系统研究，笔者相信，一定会寻踪到中国白瓷的演变规律，寻觅到中国不同历史时期人们对白色的认识及审美意境，寻找到白色在现代瓷器上的最终定格与普适意境。

悠悠亘古，物象流变，万千心绪，瞬息即逝，孰能定格历史，断言是非？笔者自知学识不力，更是谨慎有加，望读者于纰漏之处不吝指正！

目录

第一章　湖田窑烟

一、溯源

依稀记得孩提时，炎热的夏夜，我会露宿在长江边，凉凉的江水溅洒在身上，老人摇着扇子重复吟唱着一曲含混不清的歌，也许代代传唱，歌词逐渐残缺，但女娲两字常常出现，记忆中她好像是个了不起的创世女神，手托天穹，顶天立地，长江就是她飘逸的衣带。

无限遥远的以前，地球是那么的年轻，地表平坦，几乎都是海洋，距今 1.4 亿年前的侏罗纪时，学者们说有一次燕山运动，在中国长江上游地区发生了剧烈的地质变化，形成了唐古拉山脉，随着青藏高原缓慢抬高，有许多高山深谷、洼地和裂谷随之而来。地球的剧变像蜘蛛网一样地波及，大别山和巫山等山脉隆起，四川凹陷成盆地，古地中海进一步向西部退缩。白垩纪时，大概距今 1 亿多年前，四川凹陷的盆地又缓缓升起。地球惯性的夷平作用不断产生，云梦、洞庭盆地继续下沉。距今 3000 万至 4000 万年前的始新世又发生强烈的喜马拉雅山运动，青藏高原隆起，古地中海退却并消失，长江流域普遍间歇上升。其程度是东部和缓，西部急剧。金沙江两岸高山突起，青藏高原和云贵高原显著抬升，同时形成了一些断陷盆地。远古时，高山雪水倾泻，瓢泼大雨，由于地势复杂，群山阻隔，洪水泛滥。女娲用火炼土补天，舞带引水劈山。天晴了，大地出现了许多深邃险峻的峡谷和深浅不一的沟壑，肆意横流的高山雪水相互归并顺折向东沿着女娲劈出的河道驯服地流淌。

相传远古时代，瑶池宫里住着西天王母的第二十三个女儿，名瑶姬。她在紫清阙里，向三元仙君学得了变化无穷的仙术，被封为云华夫人，专司教导仙童玉女之职。

距今 300 万年前时，喜马拉雅山强烈隆起，长江流域西部进一步抬高，水势愈加凶猛。此时的瑶姬生性好动，那里耐得住仙宫里那般寂寞生活。一日，她终于带着侍从，悄悄地离开了仙宫，遨游东海。但是，当她看见大海的暴风狂涛，给人间造成严重的灾难时，便出东海腾云西去。一路上，仙女们飞越千峰万岭，阅尽人间奇景，好不欢快。岂料来到云雨茫

▲ [北宋]·青白釉刻菊瓣纹碗

茫的巫山上空，却见十二条蛟龙正在兴风作浪，危害生灵。瑶姬大怒，她决心替人间除龙消灾。于是，按住云头，用手轻轻一指，但闻惊雷滚滚，地动山摇。待到风平浪静，十二条蛟龙的尸体已化作十二座大山，堵住了巫峡，壅塞了长江，使得滔滔江水不再汹涌，漫向林间，流进湖泊。江水顺地势而流，古长江从此东西贯通，江水浩浩荡荡，注入东海，形成今日之长江。

9 世纪，富有才华的诗人李群玉作过两首绝句，题为《宿巫山庙》，曰："寂寞高堂别楚君，玉人天上逐行云。停舟十二峰峦下，幽佩仙香半夜闻。庙闭春山晓月光，波声回合树苍苍。自从一别襄王梦，云雨空飞巫峡长。"

水患虽已治理，瑶姬并未离去，她仍然屹立在巫山之巅，为行船指点航路，为百姓驱除虎豹，为人间耕云播雨，为治病育种灵芝，为开启智慧而制造工具及生活用具。年复一年，她忘记了西天，也忘记了自己，终于变成了那座令人向往的神女峰，人们敬称她为巫山神女，她掌管着长江上游，即长江源头至湖北宜昌山峡南津关的大片流域。

滔滔江水流经浪漫的三峡，向东而下融入华中大地温润的气候和青翠的景色。汉水是长江最大的支流，"汉"这个名称在公元前 206 年曾作为刘氏王朝统治国家的名号，也是中国大汉民族的词源。从宜昌的南津关至江西湖口为长江的中游，在这片富饶的江域中同样也有美丽的传说，在隋炀帝所作的这首由四句构成的乐府诗中："夜露含花气，春潭漾月晖。汉水逢游女，湘川值二妃。"

由此，我们知道在长江中游有汉女和湘妃女神，汉女住在汉江和荆江流域，并统治这一片神奇的区域。所谓"巴姬弹弦，汉女击节"。巴姬看来是巫山神女的另一种说法，巫山恰好是在四川，虽然是在其外围，她似乎彬彬有礼地将汉女吸纳为同伴，做一个光荣的附属。

而湘妃最初活动之地，其祭祀的核心地区是在洞庭湖，她所统治的水域较复杂，主要的河流是湘江，它向北流经湖南，带着潇江的江水，并融汇其他一些更小的支流，沅江和澧江从西面和西北流到这里。从巫峡而来的浩大江水，朝东海奔流而去，在流经洞庭湖汇集湖中倾泻的洪流，消逝在滚滚的长江波涛之中。

5世纪后期有一个故事，在江苏的一条水路上，有一书生于祠庙旁泊舟，他一边休息一边赏月。从前面来了一位约莫十六七岁极其可爱的女子，她身边紧簇着一群侍女。刚开始，女子把橘子掷到书生的怀里，有相当明显的诱惑之意。他们一起欢歌饮酒，一夜良宵，然后女子与随从动身离去。翌日，书生到祠庙中去，惊奇地发现墙壁上画着可爱的女子与众侍女的画像。画壁上有一行娟秀的题字，称女子为"东海姑"。神女在其祠庙附近现身，这是一个永恒而古老的母题，在这个故事中，虽然那位女子出现在当地祠庙环境中，但她的家东海却近在眼前。

这样一位海中神女和她的姐妹们沉浸于海水中，云游于长江下游，有时化身于龙，时而变身于美人鱼，在人群中以美丽的公主形象出现，人世间敬称东海姑。她与长江流域的众位女神一道，受到女娲的教化与重托，分别负责长江流域的上游、中游和下游，她们为百姓抵御自然灾害，教人们春播秋获，筑屋织衣，百草为药，使长江流域的人们以江水为源，勤奋劳作，生生不息。

长江，流淌的是智慧。只因她来源于圣山雪岭，她那绢长的云袖轻抚着生灵。抹去了混沌，开启了思索，懂得了创造，拉开了文明的序幕！

长江流域为人类居住时间最长的地区之一。在安徽省江北发现直立人化石，数处包含人类遗迹的遗址，尤其是在太湖周围，也已被发现。虽然中国政治史多以华北和黄河流域为中心，长江地区却以其农业潜力而对历代王朝始终具有重大经济意义。大运河就是建来用以从长江流域将粮食运往北方的大都市；可能运河最南段早在公元前4世纪即已得到利用，许多河段是在公元7世纪兴建的。

长江上游除成都平原外，东至三峡地区，西北至甘孜、阿坝境内，西南至安宁河、雅砻江流域，均有遗址发现，初步统计约数十处，其中最著名的属巫山大溪文化遗址。经1959年、1975年两次发掘，共发掘墓葬214座，出土器物有石斧、石凿、石镜、鱼钩、网坠、纺轮、箭链等生产工具；碗、罐、釜、曲腹杯等生活用具，还有耳坠、玦等装饰品，代表了新石器时期从中期到晚期三个不同的发展阶段。

长江中游的新石器时代遗址几乎遍布江汉地区，尤其是以江汉平原分布为密，仅湖北已发现的新石器时代遗址就有四百五十多处，经发掘和试掘的有六十多处，多集中分布在汉江中下游和长江中游交汇的江汉平原上。早中晚期文化特征都具备的屈家岭文化，以薄如蛋壳的小型彩陶器、交圈足豆、彩陶纺轮等为主要文化特征，还出土有大量的稻谷及动物遗骸，畜牧业也相应发展。饲养的动物种类增多，并已有了渔业，该文化的影响范围甚广。

位于长江中游的江西万年仙人洞、吊桶环遗址有着从旧石器时代晚期过渡到新石器时代早期完整而清晰的地层堆积。特别是20世纪90年代中美合作农业考古，在遗址新石器早期地层中，发现了距今1万年前的水稻栽培稻植硅石，把世界水稻栽培种植的历史提前了1万年，成为目前已知世界最早的水稻栽培起源地之一。同时，该地层

▲ [北宋]·青白釉刻三团花葵口碗

中还发现了距今 17000 年前发展有序的大量原始陶片，是目前世界已知的最早原始制陶的发源地。

长江下游的新石器时代文化序列可以河姆渡文化、马家浜文化和良渚文化为代表。位于杭州湾附近浙江余姚的河姆渡文化遗址发现于 1973 年，曾先后两次发掘，出土的约 7000 件珍贵文物中，有成堆稻谷、稻壳遗存，出土大量"骨耜"，证明已脱离"火耕"，开始用骨耜翻地；还出土了大片木构建筑，已出现榫卯，是迄今已知最早的"干栏式"木构建筑。

20 世纪 50 年代，在长江流域陆续发现了一批殷商文化遗址。四川新繁水观音遗址的出土文物说明"蜀"与殷商中期有密切的文化交流，为以后的科学考察奠定了基础。

长江中游湖北黄陂盘龙城遗址是已发现的长江流域第一座商代古城，距今 3500 多年。城邑和宫殿遗址壮观齐全，遗址、遗物、遗骸中明显反映了奴隶社会的阶级分群。属于商晚期的大冶铜绿山古铜矿是中国现已发现的年代最早、规模最大而且保存最好的古铜矿。江西清江的吴城遗址是长江下游重要的商代遗址。1989 年江西新干出土大量商代的青铜器、玉器、陶器，距今约 3200 多年，具明显的南方特色。这些遗存对于了解至今仍较为模糊的长江流域商代文化，十分重要，具有很高的科学及学术价值。

山背遗址位于九江修水县上奉乡山背村，包括跑马岭、杨家坪等 43 处遗址，上层为商代遗址，下层为新石器晚期遗址。它的发现有一段传奇故事。

20 世纪 50 年代初期，居住在山背村跑马岭周边的村民经常有人患上一种无名肿痛的病。有村民就到山上采草药，敷在痈疽处。有一次，村民在山上采药时发现泥巴地里有许多三角形的大小石块，形似箭头，便拾了几块带回村里，称其为"阴箭"。

▲ [北宋]·青白釉葵口划花斗笠碗

1961年夏，一名稍有文物知识的村民专门到跑马岭山上拾来一块三角形石块，送给文物部门的一位工作人员识别。这名工作人员看过之后也辨认不出，就送到当时的江西省文化管理委员会考古鉴定组鉴定。经鉴定，一致认定村民所说的"阴箭"，实为新石器时代晚期的文化遗物！

同年，江西省考古人员在这里对地下石器发掘后证实，山背文化遗址系公元前2800多年前的新石器时代晚期文化遗址，是长江中下游和鄱阳湖地区一种以段石锛和红砂陶为主要特征的文化遗存。山背文化、石峡文化、昙石山文化并列为中国东南地区三种代表性的新石器晚期文化。以山背遗址为代表的新石器晚期文化遗存，与江汉平原的屈家岭、浙江良渚、岭南石峡等处新石器文化有较多近似点，可见与这些地区的原始居民有不同程度的交往。

原始社会考古表明，九江的先民们早在中石器时代就在这里劳动、生息、繁衍。进入新石器时代，他们已经较熟练地掌握了制陶技术。新石器

▲ [北宋]·青白釉芒口划萱草碟一对

时代早期，陶制品就与江西万年仙人洞出土的陶品有相似之处。随后既有自身文化的发展规律，又受邻近各省文化的相互影响。到了新石器时代晚期，山背遗址下层那种以有段石锛和夹砂红陶为主要特征文化遗存，广泛地分布在鄱阳湖滨和赣江中下游地区，有人称这种文化为"山背文化"。

山背文化就其族属来讲，它应是三苗部落的文化遗存。三苗族也叫苗蛮族，这个氏族，大约在尧舜时，从中原被赶回南方到达长江中下游的。"尧战于丹水之浦，以服南蛮"，"昔以天下让舜，三苗之君非亡，帝杀之，有苗之民，叛入南海，为三苗国"，"昔者三苗之居，左彭鑫之波，右洞庭之水，文山在其南，而衡山在其北"。著名考古学家俞伟超教授认为："在洞庭、鄱阳之间，北抵伏牛山麓、南达江西修水一带的屈家岭文化为中心的三大阶段的原始文化为三苗遗存。"

山背文化是东南地区新石器时代晚期阶段的典型遗存之一，距今4300年左右，因首次发现于江西修水山背而命名。陶器成型基本手制，少量经慢轮修整。陶器可以分为夹砂红陶、加砂灰陶、泥质灰陶、泥质黑陶和黑皮陶，其中以夹砂红陶的数量最多。三足器和圈足器比较普遍，器形以鼎、鬶、豆、簋、壶、罐、钵等为多见，其中大袋足带把鬶、杯形豆为典型器；鼎以侈口束颈鼓腹侧扁足的罐形鼎的数量最多，鼎足变化较多，有扁平、圆锥和羊角等式。鬶的特点是细长颈、瘦长袋足。豆有子母口的浅盘豆、盖豆和高杯形豆。陶器多为素面和磨光，部分饰"BR"形弦纹或齿形弦纹，个别器物出现了拍印几何纹饰，对我国东南地区印纹硬陶起源的研究有重要价值。

二、地利天缘

五代之前，赣鄱大地因 733 年唐玄宗设江南西道而得省名江西，有最大的河流为赣江而简称赣。在黄山、怀玉山余脉、鄱阳湖平原过渡地带有座城市，名曰景德镇。春秋时属楚东境，秦时为九江郡番县地，汉时属豫章郡鄱阳县，东晋称新平镇。唐代武德四年，公元 621 年置新平县，新平镇属之，因位在昌江之南，故又称昌南镇。天宝元年（742 年），更名浮梁，其先后隶于新昌、浮梁县。宋真宗景德元年（1004 年）因产青白瓷，且瓷器质地优良，遂以皇帝年号名之景德镇，并沿用至今。

景德镇地处江西东北部，其东面是婺源县，德兴县在东南，波阳县在西面，万年县位其南面，西南是余干县，北面又面临安徽的休宁县、祁门县和东至县，交会于两省八县之间。属丘陵地带，是典型的江南红壤丘陵区。由于亚热带季风气候的影响，境内光照充足，雨量充沛，温和湿润，四季分明。景德镇境内最大的河流昌江，又名鄱江，源于安徽祁门，连接皖、赣两省，大致呈北南流向，干流全长 182 公里。在安徽称祁门江，向

▲ [北宋]·青白釉印龙纹盖盒

西南经皖、赣边界的倒湖并纳入北河，称大北河。流入江西境内称昌江。昌江在景德镇汇合小北河和东河、西河、南河，再往西南流经90公里注入鄱阳湖，在江西的流域面积达4160平方公里，是景德镇对外交通最重要的通道。

昌江上游东侧是小北河，也称为小北港、杨村河。源于安徽东至、祁门及石台三县，全长64公里，经浮梁龙潭，过流口，在杨村武陵溪口汇入昌江。

位于境内东部有东河，又名番源水，全长53公里，源于皖赣边界，分南、北两支，分别源于白石塔和五股尖。东河源头山高坡陡，有众多瀑布。南支流至梅岭渐宽，流经瑶里、南泊、东埠、鹅湖等地，制瓷原料高岭土重要的原产地高岭村便在此流域内。

昌江东岸、境内南部有南河，又称历降水。源于婺源西北五花尖南麓，在婺源境内河道弯曲、坡陡水急，经湘湖街，过黄泥头、湖田村，有76公里之长，流域面积566平方公里。

西河，又称大演水。源于皖赣边境三县尖分水岭的波阳莲花山，于境内三间庙南侧西港口入昌江。西河长66公里，流域面积499平方公里。

通过以上地理位置及自然环境的概述，景德镇境内地质比较复杂，岩石种类较多。浮梁鹅湖富斜花岗山岩体是最大的岩浆岩体，岩体中部多为中粗粒花岗岩、细粒二云母花岗岩，主要蚀变有钠长石和绢云母化，风化后常形成高岭土矿床。小岩体类中，脉状岩体出露很多，主要有微晶花岗岩、细晶岩、长石石英斑岩、石英斑岩等。蚀变风化后常形成软质或硬质瓷石矿床，是景德镇陶瓷生产的重要矿产资源。

三、水土宜陶

　　得天独厚的自然条件，使景德镇地下蕴含各种丰富的制瓷原料，如瓷石和釉果，高岭土和匣钵土等，由于其全年日照充足，有利于湿坯的自然干燥，温和湿润的气候适宜植被的生长，为烧制瓷器提供了充足的木柴，流经城内的昌江也为瓷器的外销和商贾的往来提供了便利的水上运输。众多优越的自然条件成就了景德镇"水土宜陶"的美誉。

　　"进坑'石泥'，制之精巧，湖坑、岭背、界田之所产已为次矣。比壬坑、高砂、马鞍山、磁石堂、厥土、赤石，仅可为匣、模。……攸山、山槎灰之制釉者取之，而制之之法，则石垩炼灰，杂以槎叶木柿火而煅

▲　[北宋]·青白釉折沿盘

▲ [南宋]·青白釉篦点刻花碗

▲ [南宋]·青白釉底心刻团花碗

之，必剂以岭背'釉泥'，而后可用。"蒋氏《陶记》不但说明了胎釉制备之法，而且直接道出了景德镇在南宋时期的瓷石、釉泥、釉灰、匣、模原料的产地。南河、东河流域距湖田窑址数十公里的范围内就是这些原料的分布地。

考古证明，湖田窑创烧于五代时期，这一时期的产品以青瓷为主，兼烧白瓷，所烧白瓷虽不及北方邢窑精细，却是江南地区最早的白瓷产地，它的产生打破了北方地区对白瓷的垄断，为青白瓷和枢府瓷的产生奠定了基础。

五代时期的湖田窑制品在同期产品中并非上成，反而略显粗笨，因瓷胎中铝含量偏低容易变形，所以采用加大足径、加厚足壁的方法来承受器物上部的重量，降低变形率，此时的湖田窑并未普及匣钵装烧的方法，而是采用支钉叠烧法，使火焰、灰尘直接与坯体接触，烧成后釉面不洁净，釉色青中泛黄者居多，且在足底与碗心留下明显的支烧痕迹，十分影响美观。

五代后期，古人终于在惊奇和欣喜中迎来了青白瓷。在古代一种产品在市场上获得喜爱，往往会引起各地窑口竞相模仿学习，但由于模仿地与原产地原料资源和自然条件等因素的客观差异，又在仿造的过程中演变出自身独特的风格，吉州窑对磁州窑"白地黑花"的模仿是如此，湖田窑对邢窑、定窑白瓷的模仿亦是如此。

北宋早期的青白瓷依然带着初生事物的青涩不成熟，窑工们似乎还没有领悟到让青白瓷纯净莹澈的秘诀，所以这一时期的瓷器釉层较薄，青白中泛土黄者居多，少数青白泛绿。但湖田窑的艺匠们并非固守传统、不求上进，他们将做好的瓷坯放入耐火土制成的匣钵之中，一匣一器地入窑烧造，称为"仰烧法"，仰烧法使瓷器隔绝了窑火与灰尘，如此，湖田窑才能向着润泽洁净的玉质感更近了一步，对白色玉质的向往与追求似乎是国人与生俱来的审美基因。

由于延续了北宋早期的仰烧工艺，器物的圈足在烧造的过程中不再荷重，瓷器得以制作得更加轻盈，由唐瓷的饱满浑圆逐渐变得轻巧玲珑、修长秀美，有些器物甚至达到了薄如蝉翼、轻若浮云的效果，纤薄的瓷器甚至可以透过日光，给人无限的遐思。并且，湖田窑的窑工已经熟练掌握了窑内还原焰的控制要领，使青白瓷冲破唐人对越窑"类冰如玉"的修辞赞美，而真正达到了如冰似玉的境界。

青白瓷是宋代以景德镇湖田窑为代表烧制成的一种具有独特风格的瓷器，因为它的釉色介于青白二色之间，因此又习惯称之为"影青"。青白瓷在宋元两代成为瓷中精品受人喜爱并非偶然，色泽悦目可能是最主要的原因，青白瓷釉质清澈透明，积釉处晶莹如一湾湖水，在当时被赞为"假玉器"，可见其精美绝伦竟可与玉器相媲美。经过了放浪不羁的魏晋风尚、豪放包容的盛唐气象，终于轮到青白瓷来代言宋代的婉约优雅。

早期的湖田窑以素器为主，不见装饰，至北宋中期，器物的造型不

▲ [南宋]·青白釉刻花炉·中国陶瓷博物馆藏

断丰富，装饰手法上也不断推陈出新，刻花成为湖田窑青白瓷装饰的主流，窑工们用竹刀在半干半湿的坯胎上刻出所需的纹饰，不求严谨，但求随意洒脱。古人仿佛天生就是艺术家，寥寥几笔便可将海水、游鸭、花簇的意境表达得淋漓尽致，再辅以划花、篦划纹等手法，使装饰图案更加活泼、精美。北宋晚期，湖田窑已经熟练掌握了"半刀泥"的刻花技艺，所刻出的每一根线条都有深浅变化，青白釉就像一汪清泉隐现在这种深浅变化之中，刀法奔放潇洒、图案虚实相间、釉色沁人心脾，集中体现了宋朝人的审美倾向。

北宋末年金人南侵，战乱对于北方制瓷业造成了巨大的打击，定窑、磁州窑、钧窑的艺匠们为了躲避战乱而迁往富庶安定的江南，其中一些窑工来到"水土宜陶"的景德镇，战争的灾难使人民流离失所，却也使得北方精湛的制瓷技艺在景德镇落地生根。我们看到很多湖田窑印花器难以与定窑印花器相区分，就是湖田窑印花工艺受到定窑深刻影响的结果。然而湖田窑在烧造白瓷上始终无法超越定窑内敛温润似象牙白的质感，索性扬长避短，依着南方人在山清水秀中沉淀出的审美趣味，改良出了耐人寻味的青白瓷。

南宋初期，湖田窑坐享资源的优势和技术的保障，理所当然地走上了青白瓷生产的顶峰。此时的南宋朝廷为了扩大税源、充实国库大力发展海外贸易，开设20多处贸易港口，并设立对外贸易管理机构市舶司。这无疑为青白瓷提供了更广阔的市场，南宋赵汝适所著的《诸蕃志》中记载，我国的青瓷、青白瓷和白瓷曾被销售到十五个地区或国家，可见瓷器这一中国特有的产品在海外受到的喜爱。与此同时，由东南亚地区传入我国的香料风靡朝野，各色香料约有几十种之多，于是景德镇的瓷盒作坊应运而生，瓷盒以其物美价廉成为盛放香料的首选。青白瓷中还有一类"子母盒"，将盛放三种不同的化妆品，粉、朱红、黛的小盒放置于一个大盒之中，使用起来非常方便。古人很早就有了商标意识，景德镇青白瓷盒的底部往往印有"许家盒子记""段家盒子记""蔡家盒子记"等作坊主标记，这样的作坊在景德镇已经发现了十三家，小小瓷盒竟有这么多商家竞相生产，可见当时瓷业之兴盛、分工之细致。

湖田窑发展至南宋，早已不是当初只为满足盛放物品之需，青白瓷在盘碗盏壶之外占领了越来越多的领域。从枕、炉、渣斗、鸟食罐到象棋和围棋，产品包罗万象，制作精良，已经达到了胎白质坚，釉色青翠，代表了南宋制瓷的最高水平。这时常见的纹饰有水草纹、团鸾纹、双龙纹、花卉纹、婴戏纹等，线条粗犷流畅，充满生活趣味。

南宋中晚期景德镇

▲　[南宋]·青白釉珠点水注

▲ [北宋]·青白釉鼓钉罐

▲ [北宋]·青白釉瓜棱花口印花碗

地区上层优质瓷石被开采殆尽,湖田窑面临极其严重的原料危机,更有甚者是景德镇实行一种极其苛刻的窑税制度,"兴烧之际,按籍纳金",既不管一窑瓷器成品多寡、质量好坏，一律在点火之前按瓷窑的面积大小收缴税金，这样一来，窑户们除了面临严峻的原料危机还要承担倒窑的风险，因此一些中小型窑厂纷纷倒闭。幸而此时北方定窑的覆烧技术已经传到了景德镇，这项技术的采用增加了瓷窑的产量，在一定程度上缓解了湖田窑的危机，却也降低了产品的质量，芒口瓷器大量出现，且瓷釉的透明度和光泽度有所减弱，不及前期美观。湖田窑在危机之中并未停下脚步，而是在有限的条件下积极谋求出路，待到元代高岭土的发现之后终于柳暗花明，迎来新的高峰。

瓷器自诞生之初就由青瓷独领风骚，千年之后，白瓷从青瓷之中脱胎出来，首次表达了古人对于"纯净"的追求，而青白瓷的产生正是在这种纯净之中加入了一抹清凉，景德镇湖田窑无论从质和量上都成为青白瓷的集大成者。至此，宋朝人终于一改汉唐豪放外向的气魄，温文尔雅、淡泊宁静的境界追求代之而起，青白瓷无论从釉色还是造型上都与这种境界追求相匹配，它是宋朝的社会文化在瓷器上的延伸。

古代瓷窑的发展总是被时代打上深刻的烙印，我们透过一件小小的瓷器，便可窥见古代的民风民俗和古人的所思所想。在山清水秀的江南地区孕育出青白瓷仿佛是冥冥之中的必然，它是宋人淡泊内敛审美理想的缩影，是景德镇得天独厚的造化使然。青白瓷在青瓷与白瓷之间觅得一席之地，它恰到好处的釉色是为南方瓷业引来的一泉活水，它可与青瓷比肩，也可与白瓷媲美，一美就美了六百年。

四、青白之间

青白瓷本是南方工匠对北方白瓷的学习，却因江南地区得天独厚的自然条件造就了青中有白、白中泛青的独特釉质，它的出现无疑是对白瓷的仿造过程中令人惊喜的意外，湖田窑的窑工以敏锐的智慧抓住这个意外，并将其不断发扬、改进，才成就了宋元两代青白瓷"冰清玉洁"的美誉，这时的青白瓷烧造工艺虽不成熟，却还是以其青白相间的独特釉质拉开了中国青白瓷时代的序幕。

青白瓷的问世受到世人的瞩目与接受，改变了国人的视觉审美习惯，提出了新的审美要求。江西境内有十余个县市都受其影响，南丰白舍窑、赣州七里镇窑、吉安永和窑等均烧制青白瓷。而且，福建、广东、广西、湖北、浙江、安徽、河南等省也相继开始生产青白瓷，以景德镇为代表的青白瓷烧造体系由此形成。到了北宋晚期，湖田窑青白瓷烧造质量在众窑场中异军突起，脱颖而出。其生产的瓷器品种多，造型丰富，装饰技法逐渐成熟，达到景德镇青白瓷生产的最佳水平，成为景德镇宋代诸窑之首。此时，湖田窑也引起官府的关注，并派官员监造瓷器，可谓湖田窑成就了景德镇未来的辉煌。

元代，朝廷更加重视景德镇陶瓷生产的情况。至元十五年（1278年），朝廷在景德镇设置"浮梁磁局"，有专职官员管理瓷务、税务，烧制贡瓷。此时的湖田窑依旧生产青白瓷，而且烧制出卵白釉瓷器，即"枢府瓷"，专供朝廷使用，是浮梁磁局最重要的瓷器生产场所。到了元代中期，湖田窑生产的青花瓷问世，是元代青花瓷器重要的生产场所，甚至是元代官窑的一部分，是景德镇在10—14世纪最好的窑场，其窑业生产也达到了历史巅峰。明代洪武二年（1369年），朝廷在景德镇珠山设立御窑后，湖田窑虽继续生产，但其烧制的产品质量却不能与珠山御窑生产的瓷器质量相比，甚至制瓷质量还不如景德镇城区内的其他民窑。湖田窑在经历了700余年的灿烂辉煌后，至明代隆庆、万历之际黯然退出历史舞台，完成了其历史使命，窑烟灭，人已散。

湖田白瓷*美境*

第二章　北白南迁

一、白瓷往事

中华地貌复杂多变，西部地势海拔高峻严寒，终年积雪不融；东部接海，地势低缓。所以，由西向东，由高向低形成两条巨大的河流，黄河与长江。它们宛如两条自由奔放，涌动着晶莹光彩的纽带，深深缠绕在中华大地。其支流繁密如银网，滋润着两河流域，养育万物，使华夏人民生生不息，创造了两河流域灿烂辉煌的文明。

在中国历史发展的长河中，黄河流域演绎着北方的历史，而长江流域则演绎着南方的历史。不同的文明起源，不同的地貌环境，产生了不同的文化意识，经历了 5000 年的风风雨雨，不断交融与发展，最终共创了华夏文化并走向大同。

也许是北方的高原，一望无际的黄土沙漠，广阔无垠的草原托起漫无边际的蓝天白云，雪白的羊群游散其间，洁白的奶汁滋养着牧民，白色的蒙古包镶嵌在大地，宛如大地艺术。所以，中国北方人民钟爱白色就可以理解了，看的自然景象是白色，吃的食物是白色，用的住房是白色。因此，北方人民崇尚白色，在中国北方陶瓷烧制的釉色上面体现无遗。

北魏开始，隋、唐至宋、元时期，黄河流域的广大陶瓷生产区就大量烧制白釉瓷器，如河北的邢窑、磁州窑、定窑等；河南的巩县窑、鹤壁窑、密县窑、当阳峪窑及登封曲河窑等；山西的介休窑等诸窑，大部分窑口以烧制白釉瓷为主，有的窑口把白釉瓷作为重要的生产品种。

二、巩义白

巩义瓷窑遗址烧造瓷器时代早、规模大、工艺精、持续时间长的一处窑址。主烧白瓷，民窑的技艺高，还为官府烧造器皿和供应瓷器的原材料，开创青花瓷之源头。

早在北魏时期巩县窑已经有白瓷烧制，美妙的萌芽时期。隋至初唐，巩县窑的白瓷渐渐成熟，人们的日常生活大量使用较粗放的白瓷，不乏有些精细的白瓷被作为外销和宫廷使用。巩县窑烧制的白瓷由粗到精，产品质量渐进提高。有些器物通体施化妆土，器物内壁施满釉，普遍有积釉现象，外壁施釉过腹，少见垂釉。早期白瓷的釉色特征是白中泛青，印证了早期白瓷是在烧制青瓷的基础上演进而来。巩县窑是中原地区发现的最早烧制白瓷的窑口之一。

巩县窑隋唐时期烧制白瓷，以白河段为主，黄冶段为辅。北魏时期白河段已烧制出较精细的白瓷，日益精进到隋唐时期，白瓷烧制技术已日臻成熟。以高品质与精美的造型引人关注，唐代的河南府开元前后成为贡白瓷的重要窑场之一。

从隋到唐代晚期，巩县窑白瓷烧制水平具有明显的阶段性提高，精美白瓷的出现与整体白瓷质量的普遍提高，各类华丽、典雅而独具匠心的色釉瓷和白釉彩瓷等优良产品，为巩县窑在中国陶瓷史上赢得了尊重和地位，可谓中国古代创新型名窑。

巩县窑白瓷的质量提高，有三个方面可阐释：其一，在胎料的选择与加工方法的改进中，选择含铁元素与其他杂质少的胎料，反复淘洗、沉淀、净化至减淡胎色。同时，胎体表面开始普遍涂一层化妆土或二次施釉，如此改变胎体表面的颜色，也可以填补胎表瑕疵，增加洁白度，使胎体表面平整与光滑。其二，选择铁元素与其他杂质少而含硅铝元素高的釉料，使烧成后釉的呈色更加清淡。器物内壁以荡釉方法为主，外壁则为蘸釉法，并在入窑前做二次修整，这样釉层薄而均匀，出窑后的器物釉面洁白、光亮、透明及莹润。其三，改进窑内装烧与气氛的控制，对瓷器的成色和产品质量的提高、减少残次品有极大的影响，是瓷器烧制技术的关键所在。譬如减轻釉色的不均、白中闪黄或泛青等问题，釉色更趋于洁白、透明。此技术为盛唐时期烧造出纯白、整洁、薄胎的精美白瓷，还为成熟期的白釉蓝彩、白釉褐彩、白釉绿彩及白釉红彩等彩瓷奠定了坚实的基础。

▲　[唐]·白釉瓷双龙尊

巩县窑在唐代还烧造三彩釉陶、茶叶末釉、黑釉、绞胎、绿釉、蓝釉、黄釉及青花瓷器。随着光照透影薄胎白瓷的出现，巩县窑的白瓷烧制技术达到了高峰，充分说明白瓷烧制成为一种独立的技术系统，与青瓷烧制技术有了明显区别，并为巩县窑唐青花、各类白釉饰彩瓷和色釉瓷的烧制成功铺垫了技术之路。

三、邢白

说到中国的早期白瓷，必须谈到邢窑。邢窑的窑址在河北内丘城关、临城县祁村一带，发现二十八处古窑址，唐代著名白瓷产地之一。内丘县窑址出土了精、粗两种器物，精者胎釉洁白如雪，印证了文献有关"邢瓷类银""邢瓷类雪"的记载。窑址出土碗底刻划"盈"字铭文的标本，2003年，内丘再现惊喜，不但出土了大量"盈"字款和"翰林"款白瓷，还首次出土了"官"字款白瓷残片。这一发现为中国唐代遗址或墓葬中出土的"官"字款白瓷研究及窑口归属，提供了新的物证。此外还出土有唐代黄釉、黑釉、褐黄釉瓷及三彩釉陶。金代在临城还烧制定窑风格的白釉印花器物。

不见记载邢窑始于何时，但其烧造历史悠久，至唐朝是邢窑的昌盛时期。精良的邢窑白瓷进贡皇室，文人墨客饮酒品茶使用时，视邢瓷为"雅趣"。《全唐诗茶中杂咏茶瓯诗》："邢客与越人，皆能造磁器。圆似月魂堕，轻如云魄起。枣花势旋眼，蘋沫香沾齿。松下时一看，支公亦如此。"因此，有关邢窑有价值的文献记载，始见于唐朝。

邢窑白瓷造型规整，釉色洁白如雪或灰白如银；烧结程度良好，胎质坚硬，以手指轻击能发出清脆的金属声；产量巨大，普通产品通销全国；精美产品，入贡皇室深得宠爱。

唐朝末年，政治腐败，战争连年，社会经济遭受重创，邢窑白瓷生产不可避免开始从兴旺转为衰落。五代时期，社会政治经济形势不见好转，依然如故，因此邢窑白瓷生产的衰落局面仍在延续。北宋的统一，结束了五代时期的分割混战局面，邢窑白瓷生产才得到一定程度的恢复。在宋代窑址中，特别是晚唐、五代窑址共存的窑址中所发现的白瓷，依然保存着邢窑白瓷工艺的明显特征，证明其技术风格与晚唐、五代邢窑的风格是一脉相承的。宋代文献中记载，宋代邢州烧造白瓷，并长期作为贡瓷使用。

　　隋代时，邢窑白瓷的演变脉络非常清晰，中粗白瓷与青瓷的最大区别在于对釉料的选择和处理，使得着色元素减少，白色化妆土着底，面施透明釉，呈现了白釉瓷的初步特征。第一类细白瓷，胎体饰以精细的白色化妆土，在中粗白瓷釉料配方的基础上，或降低釉灰的用量，或引入高钾原料；第二类细白瓷，是以第一类细白瓷为基础，胎釉中大量引入高钾原料，以及釉中掺入一定量的石英所形成；第三类透影白瓷，与第二类细白瓷使用的原料特征相似，区别在于对器物胎体刻意地削薄加工，使其具有透光性。邢窑隋代白瓷的制作工艺集中体现了中国古代艺匠的智慧与创新能力，透影白瓷的烧制成功就是开创了中国使用碱钙釉的先河，是中国陶瓷工艺史上的创举。

　　唐代早期，受唐三彩黄釉的影响，邢窑具有特色的钙质黄釉瓷的大量出现，且比三彩黄釉更具有实用性。另外，中唐时期是邢窑的鼎盛时期，其高温窑炉技术取得了实质性突破，使得中唐细白瓷产量很大，已成为"天下无贵贱通用之物"。晚唐五代时期是邢窑普通白瓷制釉工艺的转折点，其外观白

▲　[唐]·白釉盖罐

度也开始降低。晚唐五代细白瓷与中粗白瓷为同窑烧制，这与中唐时期的情况截然不同。

五代、北宋时期，邢窑的演变大致是对晚唐五代的延续。金代的邢窑已与隋唐时期的邢窑大不相同，这个时期的制瓷方法有了悄然变化，开始注重普通白瓷的制作和内在品质，胎体烧结程度较好，可与定窑系产品相媲美。

内丘邢窑所出瓷器大致可分为五个时期：1.北朝时期，白瓷较少，以青瓷为主。2.在隋朝，白瓷增多。3.初唐时期，除少量青黄釉瓷器外，白釉瓷器已成为主要产品。4.中唐时期，品种丰富，主要为白釉瓷，黑釉、黄釉次之，制瓷工艺已达到相当高的水平。5.晚唐至五代时期，胎质及釉色与中唐时期大致雷同，但造型上略有区别。除碗类外，其他器物出土不多。

邢窑衰落的原因有二：其一，据《内丘县志》记载："大和九年（835年）洪水泛滥，河跪城西北隅，城东迁焉。"其二，《新唐书》所载晚唐会昌三年（843年）至光化元年（898年）邢州地区发生的较大战争就有七次，五代时期战事频仍。当地百姓被迫服役，田地荒废。瓷土开掘和制瓷作坊无法维持正常生产，工匠们向比较安定的地区迁移以求生存。邢窑在遭受自然灾害后，又屡遭战乱，一蹶不振，被迅速兴起的定窑所取代是必然之事。五代以后邢窑可能主要烧制供本地百姓使用的粗瓷，从而在历史上也就销声匿迹了。

四、定白

河北省曲阳县县城往北30余公里，便是灵山镇涧磁村，在村北的耕地中，堆矗着 13 座巨大的土丘，最高的土丘有 15 米。密密麻麻的瓷器残片散落在土丘表面，当地百姓迷惑不解地称之为"瓷堆子"。在 1934 年春，著名陶瓷学者、国立北平大学教授叶麟趾到涧磁村考察，解开了这个谜团，原来这些"瓷堆子"非同寻常。激动无比的叶麟趾以亲自考察所取得的第一手资料，发表了《古今中外陶瓷汇编》一书，首次向世人公布了定窑遗址的准确位置在曲阳县涧磁村这一重大发现。定窑遗址位于河北省曲阳县涧磁村、北镇村及野北、燕川村一带，其中涧磁、北镇窑区保存最好、规模最大，总面积约 117 万平方米。

2009 年 9 月至 2010 年 1 月对定窑遗址进行了主动性考古发掘，发掘面积 776 平方米，出土了作坊、窑炉、灶、灰坑等各类遗迹 90 余处。发现带有"官"、"尚食局"、"尚药局"、"东宫"和"乔位"款的器物残片多件，各个时期的大量瓷器和窑具。清理了多处金代至晚唐的叠压地层，定窑各个时期的生产状况及器物特征暴露无遗，解疑了定窑的始烧时间在中晚唐、五代至金代的瓷器贡御情况、五代至金代各时期窑炉的结构及特征等问题。尤其是大量元代定窑瓷器的出土，元代定窑的烧造规模及瓷器特征的状况，为研究这一时期的定窑瓷器提供了实物资料。

定窑早在初唐时期就已开始烧造，唐代后期受邢窑的影响烧制白瓷，经过五代、北宋遂成为北方最著名的瓷窑。金代仍承宋制烧造，直到元代才逐渐衰败下来，其历史长达六七百年之久。在此过程中，定窑也受到各个时期烧瓷技术因素的制约，烧造了具有不同时代特征的瓷器。因此，对定窑的了解需要进行分期归纳，而烧瓷工艺的不同所形成特征的原因非常重要，窑具是瓷器造型特征成因的主要依据。从定窑遗址中的窑具来分析，定窑的烧瓷工艺经过了由简到繁、由粗到精的渐进过程。

三叉形支钉的烧法，平底碗内中心留有三个支钉烧痕；漏斗状匣钵装烧法，碗形浅且器壁直斜，壁形底足，宽而矮；支圈仰烧法，碗体高，器

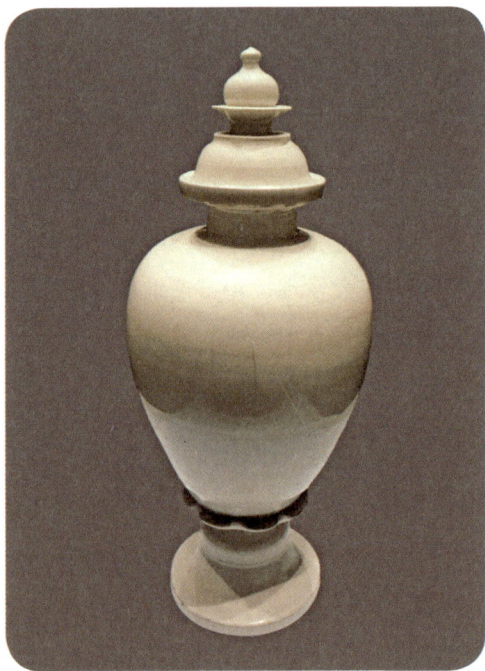

▲ [五代]·白釉塔式罐

口甚外撇，口沿外部留有无釉的带状宽边，圈足施满釉；支圈覆烧法，胎薄体轻，窄矮圈足，口沿无釉，其余施满釉；叠烧法，器物粗糙，体重胎厚，宽而高的圈足，碗心残留砂圈。不同特征的形成，是不同烧造方法所致。

覆烧法是定窑的一种特殊而先进的烧造方法，窑工们为了适应当时大量生产的需要而创造出来的一种装烧瓷器的新方法。定窑的覆烧方法是多种多样的，支圈的种类也很多，形态各异，但装烧方法却大同小异。不管是那种覆烧方法，都是将支圈放入筒状匣钵内，再入窑烧制。因为各种支圈只不过是一种烧造时的支具，是支起胎坯作用的，而保护坯体不受火刺影响，仍然是要依赖匣钵。各种覆烧法在装好了支圈后，在筒状匣钵的最上端采用两种处理方法：一个是裸露法，一个是覆盖法。裸露法就是最上面的器物完全裸露在火焰中，烧成即废。遗址中采集到的器外沾满了火刺，器内却有精美纹饰的就是这种器物。窑工们往往是利用废坯当盖使用，并在上面划有各种作废的记号。另一个是覆盖法，就是在匣钵装好后，用一件特制的碗形盖扣在上面，这样匣钵里最上面的一件碗坯便可以完整地保全了。

窑内火焰的变化决定了定窑瓷器釉色上的特征，凡是以漏斗状匣钵正烧法烧制的白瓷碗，绝大部分是在还原焰中烧成的，且釉色纯白或白中闪青；相反，凡是采用支圈仰烧法或支圈覆烧法烧制的白瓷，由于是在氧化焰中烧成的，故釉色明显与漏斗状匣钵烧制的不同，即白中泛黄。因而，定窑从还原焰变成氧化焰，直接导致了定窑白瓷色调由白中闪青转变为白中泛黄的根本原因，似乎有象牙白之美感。

定窑瓷器的成型方法，在漏斗状匣钵正烧阶段是用手拉坯成型的，器表没有花纹装饰。在支圈覆烧阶段是采用印花模具加轮制成型的，成型与装饰一次性制作成功。其制作方法是先把模具放在制坯轮上，将湿度适合的坯泥压紧在模具上印出花纹，再用样刀轮制成粗坯，将模具取下待坯体晾干，然后旋削修整外形。器外旋削的刀痕就是这样留下的。

定窑瓷器中有铭款的瓷器，如"官""新官"款的白瓷，均精工制作，且胎洁白细薄。以盘、碗的器形为最多，是定窑瓷器中的精品。同样，带铭款的白瓷中，有的釉色纯白或白中闪青，有的釉色白中泛黄；有的光素无纹饰，有的带有刻花、划花或印花的装饰。明显可以看出，尽管它们都带有"官"与"新官"的字款，胎薄细腻、制作精巧、釉色纯白或白中闪青的器物，属晚唐五代时期；釉色白或白中泛黄或部分釉厚处微微闪青，有时带有刻、划花装饰的器物，是定窑具有独特风格的北宋初期；采用覆烧方法，口沿无釉并带有刻、划花或印花装饰的器物，是定窑独特风格的北宋后期。均由于其所在时期烧制方法的不同，而各具特色，各显千秋。

定窑在北宋后期有300多年的生产时间，涧磁岭周边的树木逐渐被消耗殆尽，但柳暗花明又一村，当地的煤炭资源却非常丰富，于是北宋后期定窑弃柴烧而改煤烧，一直沿用到金代。煤的发热量较大，窑炉也随之加大，燃料的变化导致了装烧工艺、窑炉均发生了一系列的变化。煤在窑炉里会产生一种氧化气体，导致白瓷更白。由于配方的变化，就使早期的白中泛青，变成了一种如象牙般的黄白色，成为定窑在北宋后期到金代的一种最典型的白釉色。

象牙般的白色釉比纯白和白中闪青的釉色更加温润，更加含蓄，不张扬，宛如白玉一样的恬静，极其符合宋代文人的审美取向，并直接影响和改变了王公贵族的审美趣味。使中国的白釉瓷在器物造型、工艺形式、烧制方法及白釉色度的审美标准，在艺术造诣炉火纯青的宋代达到了高度的一致性。与其他的艺术形式一样，共同成就了宋代在中国艺术史上的辉煌。

陶瓷史上最早出现的是青瓷，后来发展到白瓷。宋代定窑可谓中国陶瓷史上白瓷集大成时代，其原料制备精良，独特的风格造型，独辟蹊径的装饰技法，尤其覆烧工艺首开唐宋陶瓷技术之先河。中国历史上的五大名窑汝、官、哥、钧、定，前四个品种都属青瓷类，唯独定窑是白瓷，因少而可贵。

中国古代五大名窑之一的定窑，贡御时间最长、文献记载最多的窑口，以白玉般素雅而著称于世。北宋时期，定瓷的烧制规模和工艺达到历史的巅峰，成为宋元时期士大夫所钟爱的典型瓷器之一。北宋时期，由于定窑白瓷的精细特征符合士大夫阶层的审美情趣，定窑取代唐代盛极一时的邢窑地位是理所当然的，高档精美的定窑瓷一跃成为皇室的贡品。

五、白瓷南移

北宋时期，中国的北方乃多事之秋，庞大的契丹帝国与富饶的大宋帝国战争连绵，两强争斗，耗费了大量的人力和物力。冷兵器时期的战争，具有极度的残酷性，使得两国人民痛苦不堪，民不聊生。特别是手工艺匠人，失去了造物的环境与条件，不得不忍痛离开家园，向没有战事的南方逃离。同时，随着大宋帝国战败，北方领土大量被契丹帝国占领，大宋帝国的国都由汴京开封向南迁往杭州，这样造成了中国历史上一次极其重要的人口大迁徙，无论是贵族、士大夫，还是庶民，都潮水般地向南迁徙。许多北方的制瓷工匠，也怀揣着精良的造瓷技术，随着南迁的人流到了大宋帝国的南部，并分布在重要的产瓷地区，融入在当地的制瓷工匠中。北方精湛的制瓷工艺技术逐渐生根在南方大地，深刻影响和推动着南方制瓷业的发展，向南方输入了新的造物理念和审美意识，北方白釉瓷的审美意趣，也逐渐被南方人所接受。

第三章　烧造术

一、陶技传说

陶瓷就是土与火的艺术，其烧造术就是对土与火的技术把控，在中国有一个美丽的传说。相传女娲用火炼土，待补完天穹以后，剩下了许多土。她云游大江南北，体察芸芸众生，感受到大地上生命的艰难与脆弱，女娲苍天悯人，思考如何改变众生的生存环境，播撒人间一些希望之种。她用补天余下的土塑牛羊施予人们亦用亦食，撒散土化作万物之种，让人们耕作取用，捏陶器用以盛水、贮藏食物。唐代诗人李白称女娲为人类的创造者："女娲戏黄土，团作愚下人。"

女娲之躯可触天地，一天，她看着眼前奔腾不息地滔滔江水，沉思良久，为何不把众位神女召集一起，教她们如何用土捏陶，然后把补天所剩之土分别装在陶器内，送与诸位女神，让她们带回自己负责的区域，教当地的人们去做他们喜欢的东西。众位女神应允，纷纷前来学会捏土造物，开开心心满载炼土回到自己居住的地方。所谓"女娲罗裙长百尺，搭在湘江作山色"。

从秦韬玉写于9世纪末的一首诗中，我们可以得知女娲身躯巨大，周覆大地，与蓝天相连。为苍生与灾害抗衡，抚百姓创造美好家园，赋予人类适应自然，取用自然，造化自然地生存智慧。她既勇敢威严，又端庄慈祥。

在历史上还有关于陶姓与陶技之间关系的史话，据《姓氏考略》记载，山东定陶为陶姓最初的发祥地。周以前，陶姓不见于史书记载，春秋时才出现一位以节义名垂青史的女性——陶婴。春秋战国时期，陶姓逐渐南移，今河南兰考一带是陶姓主要的居住地。其繁衍与发展，在历史上形成了陶姓的第一大郡望——济阳郡。西汉时，有陶舍、陶青出仕长安，而陶青功封开封侯，子孙世袭其职并家于当地。两汉时期，陶姓人又逐渐南迁于江苏、安徽一带，并首次在长江之南安家落籍。如东觊徐州州牧、溧阳侯陶谦即为丹阳（今安徽省宣城）人。魏晋南北朝时，中原士族大举南迁，山东、河南的陶姓开始继续南迁江浙，而原居苏、皖的陶姓亦渡江入浙赣。这段时期，在江南一带涌现出了不少陶姓名人，如晋代的陶侃，其曰：人要珍惜每一寸光阴。由于行事认真，勤奋，曾先后出任晋朝八个州的都督，并统率军队长达 40 年之久。其曾孙陶渊明，其不朽的诗歌作品而誉满天下，"采菊东篱下，悠然见南山"的超脱境界，为历代的文人墨客所仰慕。除陶侃、陶渊明外，还有南朝宋孝昌相陶贞宝，晋安侯陶隆等。陶姓逐步成为江南地区的名门望族。

宋代，陶姓在长江流域和黄河流域都得以发展。明初，陶姓作为明朝洪迁民姓氏明朝洪洞大槐树迁民姓氏之一，被分迁于河南、河北、山东、江苏、安徽、北京等地。勋陶姓亦，南方陶姓亦移民四川、云贵高原。清朝时，陶姓已广布全国。

陶姓人氏，究竟起源于何方，他们的始祖是谁？与我们所谈的窑冶与制陶有没有关系？这些陶姓人氏是不是古代陶工的后裔呢？我们不妨探究一下。

山东定陶远古时代为帝尧的属地，据《元和姓纂》和《姓苑》所载，尧在部落担任首领之前，曾在山东定陶西北之地居住，以做陶器为职业，其地世称为陶丘。尧的后裔，有的以祖上职业命姓，遂形成陶姓。尧禅位舜以后，舜的一支后裔也以陶为姓。据《元和姓纂》载，相传舜把部落首领禅位禹以后，禹的儿子启，建立了夏朝，把舜的后裔封于虞，故舜之后为虞姓。西周初年有人名虞阏，是舜的裔孙，其父名虞思，官至陶正，即管理陶器制作的官职。虞阏继承父职，仍为陶正，其子孙遂以官职名命姓，称为陶氏。商代七族中也有陶姓，据《元和姓纂》《风俗通》所载，商朝七族中有陶氏，都是以陶冶为职业者。陶，指陶工。冶，指铸工。原为掌握此项制造技术，役使奴隶的低级贵族。春秋战国之后，从事制陶业的庶民也有以"陶"技为姓，称为陶氏。综观陶姓起源的早期记载，有一个共同特点，就是以职业为姓，而从事的职业恰恰是制陶或者管理陶务。

　　尧，陶姓人氏的祖先，是名副其实的最古老的陶工。尧在十八岁时，当上了部落联盟的首领。《通典》记载："尧旧都在蒲。"《水经注》记载："雷首，俗亦谓之尧山，山上有故城，又曰尧城。"《阚十三州记》记载："蒲阪，尧都。盖尧帝亦都此，后迁平阳。"龙山文化的山西陶寺遗址，极有可能就是尧都，而且已经具备了国家起源的一些象征性标志，如城市、礼制、青铜器等。如果这些最终得到认证的话，那么我国在奴隶制"世袭"国家之前还存在着禅让制"选举"国家，我们的历史关于国家的起源就必须改写。按照今天的史书记载，我国的国家制度自夏代开启。夏、商、周为我国的奴隶制时代。至今有关夏朝的记载史料文献十分匮乏，所以历史上是否有夏朝存在，在学术界存在着争议。但司马迁在《史记·夏本纪》中明确记载了夏朝的世系。考古学家们也希望用考古手段去找到夏朝的物质文化遗存，进而恢复夏朝的历史。1959年开始，中国考古界开始"夏墟"调查，拉开了夏文化探索的序幕。

　　陶是中国远古时代最伟大的发明，在世界物质文化发展史上占有重要的历史地位。由陶发展到瓷又经历了数千年的历史，而中国陶瓷生产历史悠久，源远流长。陶瓷在精细繁多的工艺流程里聚合了无数工匠的心血，并凝练为"土与火的精灵"。她是东方世界古代灿烂辉煌之文化中最耀眼的一颗明珠。

二、窑址余晖

　　衡量一个完美的瓷器，有八个方面：釉色、釉质、形制、胎质、工艺、意境、完整及烧制等。对于宋代景德镇湖田窑瓷器的釉色及釉质，我们基本上有一个初步的了解和认识，有关瓷器形制、瓷胎的配方与淘炼，还有入窑的烧制技术，我们将逐一阐述。

　　首先，我们通过湖田窑的主要遗迹来分析其烧制环境和设施，探讨其在宋代能否具备生产精良瓷器的条件，与同时期其他著名窑口的生产技术是否处在相同的水平上。

　　在考古发掘中，发现湖田窑在五代时期始烧青瓷和白瓷，窑址西部的竹坞里、月光山等处，均发现了青瓷遗存。其中有两个区域属湖田窑址窑业中心区，均有少量的零星堆积。居民建房打深井时，在距地表约八米的地下，还发现有青瓷堆积。这说明在五代时期，湖田窑的窑业生产就具有一定的规模，并主要沿南山北坡一带分布。由于遗址发掘的年代分层，历史愈久远愈深埋，所以五代的窑业遗存多深埋地下，只有深层动土或本身就在高处的遗存，才有可能被发现。因此，五代遗存的发现十分有限，仅在湖田窑中心区的局部发现了一处窑炉。

　　进入宋代以后，湖田窑青白瓷烧制由初始阶段步入了发展阶段。从窑址面积分析，宋代的文化堆积不但基本覆盖了今湖田窑的保护区，并在最早期堆积的东南部豪猪岭一带，且向外延伸至杨梅亭方向。从窑业生产状况分析，逐步出现了相对集中的生产区域，这些区域可以明显看出湖田窑业由东南边缘向中部、西北部发展的过程，即宋代的窑业中心区主要集中在南山东北坡豪猪岭、狮子山，还有乌鱼岭、琵琶山南缘一带。从文化遗存方面分析，豪猪岭、狮子山北坡均有厚达 2 米以上的宋代窑业堆积，不仅仅如此，在中心区域甚至有 7—8 米的宋代地层堆积，中心区的窑业堆积物，还源源不断地向南河倾倒，使南河河水向北岸溢漫，河床逐渐向北移动。在如此大面积集中的窑业生产区域，周围的与生产、生活相关的各类遗迹也是层出不穷，相当丰富。在张家地、刘家坞、狮子山等地，时至今日仍可清晰地看到龙窑分布的迹象。从散布在地表的瓷片分析，它们可能属宋代的窑址遗迹。

三、作坊

湖田窑址的作坊遗迹同样也是非常丰富，除窑包外，低洼处及平地上几乎均埋藏着作坊，而且作坊与作坊之间相互叠压，错落关系明显，甚至还有晚期遗迹借用早期残存遗迹的现象。有些区域的地面表层，没有近现代建筑，其作坊遗迹的平面布局关系相对比较清晰，有些发掘区也发现过作坊遗迹，但因地表破坏严重，多数只是孤立地存在。从目前发掘资料看，用于不同制瓷工序的作坊遗迹大多已发现，有淘洗池、练泥池、陈腐池，还有用于拉坯、利坯、挖足、画坯以及釉坯等工序的辘轳车，也称为"轮车"，有基座、晾坯台、釉缸以及与之配套的房屋基址等。不过，这些遗迹并不是同一时期的，因为不同时期的作坊砌筑材料和构筑方式不尽相同。遗憾的是，目前尚未发现五代时期的作坊。幸运的是，零星发现过一些宋代作坊的残迹，有匣钵墙、练泥池、釉缸等。匣钵墙用桶形匣钵砸碎后砌起；练泥池用小砖砌，有的砖上还沾有窑汗；釉缸直接埋入地下后，还在口部围数层小砖，小砖的尺寸规格不一。

作坊是瓷器具体制作的空间，其规模和合理性可以体现该窑口瓷器制作技术的水平。宋元时期，景德镇湖田窑作坊的功能大致如下。

1.淘洗池，就是用砖砌成的各种方形池子，一般长度1米多、宽度近1米、深度50厘米左右。池子底部用青砖按两横两纵的方式相间排列铺就；池壁则用青砖错缝平铺垒砌而成，用于淘洗胎泥。

2.练泥池，一般池口有圆形和长方形，圆形的口径近1米、深度近40厘米；长方形的池口，长度2.5米左右、宽度近1.5米、深度与圆形池大致相同。池子周边用砖环绕围砌，有许多砖为窑炉使用废弃的带有窑汗的残砖。池子底部略下凹，有的底部为生土层，有的底部为青砖两纵两横交错平铺。池壁用砖层层错缝叠砌，池内填土，土质疏松、纯净。池底土质细腻、灰白，似瓷土，用于炼制胎泥。

3.陈腐池，一般为长方形的池子。长度2.2米、宽1.4米、深度42厘米。池底用土铺垫平整，池壁用饼状匣钵盖或桶形匣钵平铺垒砌或竖砌而成。

4.练泥、蓄泥和拉坯为一组长方形半包围形遗迹组合，该遗迹组合的外围，还残存两道匣钵墙，匣钵墙相互垂直并叠砌而成。在这半包围组合中，还有相对独立的几个遗迹单位，其共同构成一个作坊区。

（1）半包围匣钵墙

两道匣钵墙相互垂直，南北向墙长10米有余、宽度60厘米；东西向墙长5.5米、宽度50厘米、残留高度25—35厘米。用平地起建的方式砌成，其中南北向墙体的中间部位，被明代遗迹打破。

（2）匣钵墙内作坊

作坊可分为相互依存的 3 个单元，3 个单元的遗迹呈倒"品"字形结构，东部有 1 个单元，西部有 2 个单元，而 3 个单元的建筑却是共用一墙。

5.拉坯，亦称利坯。其作坊为一组由支圈底、盖及少量青石叠砌而成的墙体所组成的建筑单元。在这组建筑单元内，由匣钵墙将其划分为两个相对独立的小单元。墙的北面为第一单元，南面为第二单元。

南北向的匣钵墙是作坊的主体建筑，全长 9.1 米、宽度 70—95 厘米、残留高度 75 厘米。采用饼状支圈底、盖叠砌而成，局部有青砖填充、片石加固，结构紧密。如还原当时的构造，在其南、西、北面，应该还有同类的墙体相接，共同构筑成一个大单元，遗憾已被历史湮没。以此墙为基准，在其西侧的北部，有一组两相垂直的匣钵墙体与其共同组成了作坊建筑内的第一单元。

第一单元的空间是由两相垂直的匣钵墙组成，从构筑规律分析，其北部、西部还应有更多单元，但已被岁月破坏。东西向的墙，长度为 4.6 米、宽度 50 厘米、残留高度 35 厘米。在此墙西北部另有一道南北向的墙体与之垂直相交，并一直往北延伸至探方北壁，墙的长度 1.3 米、宽度 50 厘米、残留高度 14 厘米，两墙体均由支圈底、盖砌成。此两墙无论宽度还是结构，都应该是同一单元的两堵墙体。由于晚期的没落与毁败，还有许多遗迹现象无法知晓与还原。

第二单元的空间在第一单元的南部，而西部与南部墙体均残。在此单元内，有一处排水暗沟设施，还残存一处辘轳车基座。

排水暗沟铺设在第二单元空间的中部，基本呈东西向，略带弧形，长度 4.7 米。该水沟铺底用的是青砖，两边沟壁也是用青砖铺砌，仍旧以支圈底、盖压顶，这样就建成了一条完整的排水暗沟。

辘轳车基座立在此单元的西南角，其操作台面残留长度 1.6 米、宽度

68 厘米。以一件较大匣钵为中心，周围用砖和饼状匣钵盖平铺围砌，形成一个相对独立的空间。按作坊制瓷流程及规律分析，在第二单元空间内，应该还有其他的辘轳车基座。

6. 辘轳车基座，是一种圆形洞状的构筑遗迹，洞口一周用匣钵围砌。外径 80 厘米、内径 60 厘米，洞的深度为 34 厘米。底部为圆底，内用红烧土铺垫。其用途应为拉坯成型之辘轳车的基座。

7. 釉缸，坑口形状为圆形，直径有 90 厘米左右，由青砖围砌而成，弧壁圆底。内置一釉陶缸，缸的口径 70 厘米，高度也是 70 厘米，同样是敛口，弧腹圆底。釉缸的南部有青砖平铺成的两块活动面，其距釉缸很近，可以推测为晾坯台。从器物形制特征分析，此釉缸的使用年代可大致定为北宋中期。

通过以上对宋元时期湖田窑的制瓷作坊主要设施遗迹的阐述，可以感受到当时瓷器生产的壮观场景，以及功能在建筑空间中规划的合理性，特别是制瓷的工序流程相当严谨，充分展现出宋、元两朝湖田窑制瓷技术所达到的高度。

四、窑技

窑炉也是烧制瓷器的一个重要环节，瓷器质量的好坏最终体现在烧造技术的环节上，一般是由专门的窑工负责。在制瓷活动中，器物的成型、装烧等都是为烧成作准备的。所以，瓷器的烧成是最后阶段，可以说是最重要的阶段。窑炉的先进程度与构造状况，直接反映窑业技术的发展水平。

湖田窑址的窑炉遗存较少，20 世纪 70 年代清理过四座。1988 年在北望石坞发现过一处窑炉残迹；1996—1997年发现了二座；截至1999年，共清理窑炉七座。2000—2003年的几次发掘中，又发现了几座马蹄窑、葫芦窑和龙窑。历经了这么多年，所清理的窑炉按形状可分为马蹄形窑、葫芦形窑和龙窑三类。

1.马蹄形窑。1996年发掘了一座五代马蹄形窑，为半倒焰式窑。由窑门、火膛和窑室组成。全长5米、宽2.6米、残留高度1.2米。窑壁及顶均由黄土筑成。窑内壁抹耐火泥，呈灰褐色，已烧结。窑门已残，宽度约1米。窑门前的操作台面、进风道均有。火膛呈梯形，宽度1.3—2.3米不等，低于窑床20厘米，用黄褐色土铺地，已烧成红色，较坚硬。窑床也呈梯形，长度2米、宽度1.6—2.4米不等。窑床底部较平坦，可分为两层：第一层为耐火泥烧结面，黄褐色，坚硬；第二层为灰褐色土，较坚硬。窑室后部保存比较完整，从底部起60厘米高处内收起穹。后壁有三条烟道，宽度16—35厘米不等，高度76—130厘米不等，烟道底部用青灰砖铺设。窑内出土少量的青瓷唇口碗等，从出土物的器形特征分析，可以推断其为五代时期的窑炉。

2.葫芦形窑。1979年发现于南河北岸的印刷机械厂内，平面呈葫芦形。全长21米，前后有两室，前室长4.1米、宽度4.5米、后室长17米、最宽3.7米，窑壁残留高61—120厘米，窑床倾斜12度。窑身用耐火土掺废弃的组合式支圈窑具建造，窑身设置局部追加燃料的投柴孔。满窑都是匣钵，连窑尾也放满了匣钵，应该是采用匣钵装烧。该窑产品装匣时均采用带沙渣的粗垫饼，未见覆烧器物。从窑内废弃残留的瓷器分析，该窑炉应该在元代后期废弃。

3.龙窑。1997年在乌鱼岭西南部发掘，窑身残长25米、窑宽2.85米、局部残留高度2米，窑床倾斜12度，窑身方向340度，窑头南偏东。窑壁砌的是青砖，没有看见护窑墙。窑内有非常明显的烧结窑汗，呈黑褐色。因岁月摧残，前半段窑炉虽保存较好，但窑床部分仅剩底部，窑尾无存。窑底为红色黏土有细砂，烧结面明显。从窑炉前段的窑壁分析，该窑两侧窑壁有明显的交叉叠压关系，但交接部位没有明显打破迹象，可能为窑炉局部修补所致。窑炉内前半部残存有高达 1 米的砂粒层且分层明显：最下层为灰色砂粒；其上叠压红色砂粒，红色砂粒内含有少量碎瓷片及窑渣；其上又叠压灰青色砂粒。由下往上叠压达十余层。这一迹象可以说明，该窑炉烧成次数非常多，至少有十余次不间断的烧造过程。最后因窑底存积砂层太厚，几乎满窑，无法继续装烧才被迫放弃。从窑炉内出土的碎瓷片分析，该窑炉废弃年代定为南宋初期比较合理。

无论什么类型的窑炉，其形状、空间尺度、建造方式和材料运用，最终目的是为了提升窑内温度，均衡窑内温度，所以说窑温的合理决定了窑炉的质量。中国陶瓷的发展过程就是窑温对胎泥的影响，原始陶演变到硬陶、硬陶演变到原始瓷、原始瓷演变到瓷，充分证实了窑温对陶瓷发展的巨大作用。建造窑炉是烧造瓷器的技术之一，窑内温度的提升与控制同样是不可缺少的技术之一。

湖田窑烧成温度的技术状况，在五代和宋代使用单一瓷石作为胎泥原料时，烧成温度在 1200℃左右，这样的温度可以保证湖田窑瓷器胎体较薄的特点，并能保证瓷器烧制成功。到了元代，在原有瓷石的基础上加入少量的高岭土，这样形成了二元配方，就将烧成温度提高到 1250℃左右。温度的提高可以使胎中产生更多的玻璃相，并提高胎的致密程度，从而逐步提高瓷器的质量。所以，胎泥原料配方的改进与窑炉烧成温度的提高是相辅相成的。换而言之，随着胎泥原料和配方的逐步改进，烧成温度才有可能逐步提高。

湖田窑烟弥盖了千年的神秘面纱，这面纱下藏着古代制瓷艺匠们超前的智慧，仿佛看到当时制瓷的热烈场面。从以上所述，湖田窑的生产规模在宋代诸窑中已经跻身于前列，瓷器的烧造环境与制瓷标准可与其他名窑相提并论。其烧造技术既吸收了中国南方和北方的先进经验与方法，同时也探索出自己的制瓷理念与特色，湖田窑的薄胎制瓷技术就是一个真实的写照。湖田窑在景德镇开启，最后影响了中国瓷业的发展，为景德镇今后成为中国的瓷都打下了深厚的基础。

第四章 演变特征

每一个成熟的瓷器窑口都有自身发展的阶段，而每一个阶段都有自己的技术特点和艺术风貌，其综合制瓷创意观念的变化，成就了这段时期陶瓷艺术的特征和产品历史记忆的辨识度。湖田窑也不例外，可在考古地层和遗迹出土物的基础上，归类分析湖田窑址各时期的器形、器物装饰、表现技法、制瓷技术、装烧工艺及窑炉等特征，其流变与兴衰的变化过程便一览无余。而各阶段和年代的制瓷技术、工艺特征、艺术风格和审美特质就暗含在这一不变的规律之中。

一、五代初创

五代是湖田窑的初创期。这个时期，湖田窑与当时的其他瓷窑在制瓷技术与艺术形式上没有什么区别。主要生产青釉瓷器，器物种类很少，没有明显的特征。

产品主要有葵口碗、侈口碗、盘、瓶等。民以食为天，所以碗的产量大。碗的制作特征，圈足外墙直、内墙斜削，足端宽平，内外施满釉，往往露胎的位置有火石红出现，足端有支钉痕十余个，见到最多的支钉痕

▲ [五代]·白釉唇口碗·中国陶瓷博物馆藏

▲ [五代]·青白釉素面盖盒

达 17 个之多。早期产品不见装饰，折腹小碗及浅盘，仅在碗、盘口沿切削或压印仿葵花瓣的缺口，故称"葵口"。在葵口对应处器物的外腹部，纵向往内壁压印一道凹痕，是瓜棱造型的起始手法。从中国陶器开始，制陶艺匠们就很注重弦纹在器物上的表现，因而内底宽弧，外围有一周压印的凹弦纹，同样有十余个支钉痕。胎体较薄，胎质较细腻且坚硬，胎色呈青灰，少有气孔；底足壁内外旋削及足端切削制作规范，一气呵成，光滑流畅；外腹的利坯过程却修旋较差，多有旋削痕迹暴

▲　[五代]·青白釉素面盖盒底部

▲　[五代]·青白釉碗·中国陶瓷博物馆藏

◀ [五代]·青白釉执壶·中国陶瓷博物馆藏

露。由于胎色不白，影响釉面发色，所以坯胎上常见施一层薄薄的化妆土以净胎面。器内器外，均施满釉，唯有足端露胎以便窑内烧制。釉色青灰或青灰泛绿，釉层较薄，胎釉弥合度较好，只有少量脱釉及釉面冰裂的现象。

二、北宋青白瓷

1. 北宋真宗景德元年至乾兴元年（1004—1022 年）

有一个瓷器品种的产生，其意义非同小可，对后世瓷器的发展有着深远的影响，这便是青白釉瓷器，这个时期是青白瓷的萌芽期。生产青白釉瓷器的种类有碗、盘、注碗、执壶、盏托、大粉盒、鸳鸯粉盒、大罐、长方形枕、婴儿枕、炉、大盘口瓶、多管器等器物。其中碗、盘依旧产量大，约占 90% 以上。

围绕主要产品，分析其器物特征如下。

碗的器形大而墩厚，重心偏下，圈足低矮，窑温不力，烧成火候不高。器物泥料拉坯的胎体较厚，由于胎泥炼制不精，胎质也较粗，胎体断面可见清晰的空隙，胎呈灰黄色。当时以墩式碗为多数，口沿圆唇，器身弧腹，底部宽圈足。

▲ [北宋]·葵口刻花盘一对

　　盘则是口沿圆唇、花口，器身浅腹，亦宽圈足。碗与盘的外壁常见利坯痕，圈足旋削工整，外足壁直、内足壁外撇，足壁面较圆滑。但旋削面普遍凝滞不畅，结果是器底部不平，有的器物明显可见锋利的毛刺，这与胎土质较粗有关，也可能是辘轳车转速较慢，或是修足反复的次数较多，使之虽平坦却不利索光滑的缘故。

　　瓶、壶、枕、盒、多管器等琢器有另外一种做法，均采用分段或分片单独制作，然后用胎泥粘接成型。瓶和壶分三段制作，分底部、

▲ [北宋]·青白釉佛像水注

▲ [北宋]·青白釉盖罐·
中国陶瓷博物馆藏

腹部和颈部独立拉坯，然后对接，故器物内壁除拉坯留下的凹凸痕以外，还有分段粘接的胎接痕。枕的做法不用拉坯，只是分片拍平制作，然后按需要规整切割，并逐片对接成型，在内壁接口处抹一道胎泥作填缝加固，为防止窑内烧造时发生胎裂，往往会在枕面一侧挖一个小圆形的透气孔。多管器的整体器身除了分段粘接制作外，还在肩部环绕口部等距离挖五至六个圆孔，再装五至六根竖管，并以五至六个覆莲状盖粘接在圆孔的接口部。盒子的做法，是把盒身及盒盖分别采用模制成型的方式制作，然后在盒盖上堆塑一对鸳鸯或其他吉祥物。

这段时间的器物均施釉较薄，釉面稍微混浊不清透，釉色多数青白之中泛土黄，只有少数青白之中泛绿。较薄的釉层，很容易看见器物外壁的利坯痕迹；釉层流动较少，往往烧成后在器物的足部有不规则的露胎。碗、盘等圈足器内外及足壁外多数满釉，足壁内侧下半部分也刷釉，仅内底及内足壁上半部分露胎。一些圈足盘圈足及底部露胎，器物的下腹部有刮釉现象。

简约的器物装饰是这时期普遍存在的状况，碗、盘大约一半的内壁无装饰，仅有几瓣菊花或荷瓣刮在外壁。也有在碗、盘中刻划折枝牡丹和折枝花果两种图案，有少量刻划折枝菊。宋早期刻划图案的力度雄浑大气，不拘小节，多为粗线刻划，有明显的钝器拙味；当然也有浅线划纹，浅线运用得轻松流畅，刚柔相济，多以折枝花果为题，且饰于盘心，篦纹表现细腻。有一种喇叭口瓜棱执壶，喇叭口一定是口沿外翻，似喇叭花一般，短颈鼓肩，肩刻划团菊折枝纹饰，瓜棱隐约，不甚明显。因唐代金银器流行，所以五代和北宋早期的瓷器还有仿金属器物的遗风，执壶就有仿金银器的，这类执壶圆口、短直颈、平折肩、短流。这段时期，瓷器的刻划纹中还没有发现"半刀泥"的技法运用，可以说在此时尚未发育。

此时，青白釉典型器物形制有：仰烧圈足盘、仰烧墩式碗、仰烧碟、仰烧盏、盏托、储币罐、水浇、喇叭口执壶、侈口壶、直口壶、子口壶、温碗、灯盏、人物枕、香熏、联子盖盒、盖盒、多管器、尊、壶瓶盖、麒麟塑像等。

2. 北宋仁宗时期（1023—1063 年）

这个时期的青白釉瓷器出现了一种新的装饰方法，就是褐色点彩。除了少数黄黑釉器之外，仍以青白釉占绝对多数。青白釉的主要器物有盘、碗、折肩钵、小罐、温碗、盏托、执壶、盒、炉、熏、瓶、净水瓶、圈足瓶、枕、俑等。

青白釉的碗、盘用量大，仍占多数。其型制有较明显增加，不仅如此，生活方式的进步，伴随着其他器物种类也开始多见。以常用器碗、盘、壶、枕为例，墩

▲ [北宋]·青白釉瓜棱葵口高足碗

▲ [北宋]·青白釉瓜棱葵口刻花盘

▲ [北宋]·青白釉花浇

式碗的碗形虽敦厚，但器形开始趋高、趋瘦，胎质比以前更细腻，青白釉色开始泛青；器物表面装饰形式更加规范，逐渐摆脱以往的随意性，划花纹饰的手法初见端倪；注重形式细节，挖足更规范，且内足墙斜削明显，足缘开始出现尖缘现象。由于碗的需求量大，挖足基本上一次性成型，圈足表面容易留下胎渣，显得匆忙急率。墩式碗在趋于挺拔，伴随着形体略小的中高圈足墩式碗出现，胎质灰黄不精细，釉色呈土黄，挖足草率，不见纹饰。有一种新出现的撇口碗，形似斗笠，湖田窑有一种名品称为斗笠碗，此时出现斗笠碗的雏形其意义非同寻常。这时期的撇口碗，足部较高较细，腹部也较弧，口沿处制作时，先内凹，再外撇，形成自然流畅的弧度，口部多刻意缺口，似葵花瓣。侈口碗也是此时期的新器形，较高的圈足，较弧的腹部，多见似花瓣口沿，纹饰少见。高足薄胎花口碗，也是新出现的品种。

盘仍以大件、厚胎为特征，但也有细节变化，盘口部位由内勾式演变成外侈式，尖唇明显，腹部由深变浅，内底腹交界处分三组开光的装饰图案。

执壶除具有仿金属器的扁圆造型外，外表已无金属附饰，也没有其他装饰。还有其他类型的执壶，器形不成熟，不甚优美。如喇叭口短颈执壶、盘口长颈执壶等，器物外表均素面，无纹饰，造型比较单调。不过，温壶的碗，其外壁还是有少许纹饰。

狮形枕是这个时期出现的，是床榻上必备之物。其做法采用分段模制成型，先用纱布垫底，后在纱布上用胎泥将其底板拍成型，或圆形，或方形，或花边形的扁平饼状；狮身以模制，再用刻、印、贴塑的工艺塑造狮面五官，在背上预留一平面呈椭圆形的空腔，可在器物内壁用瓷土加固和成型；最后在背部贴一周瓷土并平置枕面，外围并贴一周瓷土固定。

与前期相比，此时器物

▲ [北宋]·青白釉刻缠枝牡丹碗

▲ [北宋]·青白釉刻花凤尾碗

▲ [北宋]·青白釉刻花碗

▲ [北宋]·青白釉刻花盏

多数胎质较细，胎也变薄，只有少量器物胎黄质粗。施釉虽比以前稍厚，总体感觉还是显薄，但较以往清澈，有的釉下透见器胎，釉汁稳定增强，少见流动，积釉和垂釉现象亦不见。青白泛土黄的釉多，青白泛绿的釉少；青白泛绿的瓷器光泽度稍差，即没有影青的透亮，也没有卵白釉的莹润。

从青白釉瓷器的装饰状况来看，碗的装饰较少，仅在外壁有刻划，如尖状莲瓣或圆状缠枝菊花纹饰。花口碗有"出筋"，更赋有立体感，还有葵口装饰，有的碗底心见花形戳印纹饰。

相对于碗来说，圈足盘的装饰更丰富，在盘心、盘壁常组合式的刻划纹饰：如牡丹、水草纹、龙、水波、云气等常刻划于盘心，而盘壁常刻划折扇纹，还有三组或四组开光水波纹饰。

这个时期开始流行琢器装饰，从此湖田窑的装饰特点便逐渐形成。凡有动物造型的炉、枕，使用了多种技法装饰，如刻划、雕塑、压印、褐色点彩等。圈足炉流行堆塑垂莲瓣装饰，其外壁刻划线条仍旧延续了粗犷之风，花卉刻划显得拙朴率真，垂莲瓣的雕刻也不甚随形，技法原生味较强，刻划线条仍以钝器为之，不排除有少数炉座上的镂孔或垂莲堆塑刻划较为流畅。

可喜的是，此时出现了两个现象是值得关注的，一个是青白釉色具备了影青的效果；另一个是"半刀泥"的手法已开始在极少数瓷器上表现。

在中国画的语境中，有"画龙点睛"之说，在晋代的南方青瓷就已经有了用褐色釉点彩装饰瓷器了，湖田窑在宋代仍继续沿用，可见此种装饰方法非常符合人们的视觉审美要求。此期，湖田窑出现褐色点彩装饰，是用一种含铁元素的矿物质在瓷器上绘饰图案，再以青白釉罩之。褐彩的主体部位呈赤褐色，在其边缘有金黄色的放射状。褐色点彩多以直径1—2厘米的圆点为主，随意点染，不求序列；人们喜爱冬月梅傲，所以梅花形点彩也频繁出现，而且花形直径一般不超过1厘米，分布均匀有序；除以上褐彩的运用形式之外，还有线状平涂及特殊点绘的技法。釉彩贵在烧制完美，最美的褐彩是褐色纯正，周边显出自然过渡的赤褐色，并且深入胎

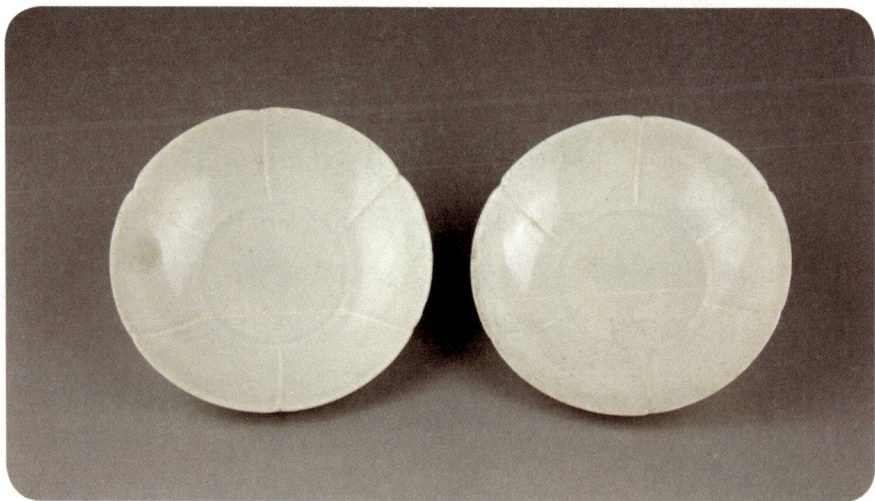

▲ [北宋]·青白釉葵口碟一对

▲　[北宋]·青白釉葵口瓜棱碟

骨。褐彩未烧熟呈浅褐色，飘浮于瓷器表面，无深沉的美感。

不同形状的褐彩，用于器物不同的部位。圆点状褐彩，主要点缀在虎形枕之背部，元宝形枕之侧面，瓶与壶之口沿及肩颈部位，饰点均匀，间隔之距有规律可循。梅花状褐彩，主要饰于枕面之上。表现在动物形琢器，如狮形枕、虎形枕、狗背炉、龟背炉、鹭鸶背炉、鸳鸯粉盒、尊形供器上，采用特殊的点绘技法涂抹，平涂渲染，刻意点绘，常表现在动物的五官、须、羽、尾、趾等可塑造部位，使得器物重点突出，形神兼备，动物神态栩栩如生，呼之欲出。

这段时期青白釉瓷器的烧造方式主要是漏斗状匣及桶状匣装烧，用垫饼及垫圈支烧，多为一匣一器单件仰烧。碗、盘等圈足器以圆形垫饼垫烧，这样导致器物底部残留有明显的褐色垫饼痕或垫饼残渣。圈足炉采用圆形垫圈或支钉垫烧，而大件器物和多数琢器仍继续采用支钉作为间隔。

青白釉瓷器的样式比前期明显增多，除了前期所具备的器物继续烧造外，新增的典型器物形制有：仰烧撇口碗，仰烧斗笠碗，仰烧花口碗，折肩钵，仰烧杯，高足杯，瓜棱罐，圆腹罐，八棱罐，扁腹罐，小瓶，盘口瓶，贯耳瓶，葫芦瓶，净瓶，水盂，植物形砚滴，盘口壶，凤首壶，莲蓬头，元宝形枕，动物枕，荷叶形枕，饼足炉，座炉，兽背炉，平底盒，圈足盒，子母盒，人物塑像，动物马塑像，动物狗塑像，牛、羊塑像，等等。

3. 北宋英宗至哲宗年间（1064—1100 年）

此时青白釉、褐色点彩瓷器继续生产，青白釉主要器物有盘、碗、折肩钵、温碗、盏托、执壶、炉、熏、瓶、四系罐、夹腹盆、盒、枕、多管器等。

青白釉仍以烧造实用器为主，碗盘类器物占多数，胎质较细，质地较坚，体薄。釉色青白之中泛着湖绿，青白中泛着青色较少。刻划折枝花果的墩式碗虽常见，但圈足趋小且变高。中高圈足碗的墩式碗仍与前期相似，变数不大。撇口碗也是高圈足，内底实心且厚，侧面正视，腹壁斜弧且口沿外张，有的内底心有一周平坦的内底，型制硬朗挺拔，如弃置湖水之中，釉色泛绿，外壁浅划纤细的折扇纹，其余无饰。侈口碗比前期明显增多，侧面正视口沿为尖唇、腹线浅弧，内底心很宽大，圈足矮，挖足仍较深。小型斗笠式高足碗，其特色异样：腹壁直斜、小圈足细而高，内底心常见小乳突，微微羞突。花口碗口沿有变化，已脱离"葵缺"状，花口弧度自然流畅，尽显秀巧。

▲ ［北宋］·青白釉葵口瓜棱高足碗

▲ ［北宋］·青白釉葵口刻花碗

▲ [北宋]·青白釉捆竹双鱼洗

　　以往内底满饰团龙纹或缠枝菊的深腹侈口盘，此期已较少见，取而代之的是折腹坦口盘，虽仍为矮圈足，但比早期略高略窄，口沿如花，精致逼真，内壁富有变化，常刻三四组折枝花或团鸾纹饰，有的满刻纹饰，如牡丹花饰、篦地缠枝菊等。

　　新见另一类托盏，卷沿、浅腹、足细高、形轻巧、胎细腻，影青釉色极为纯正。温碗造型则趋于简单，直口直壁，有的外腹壁却满工雕成仰莲状，大气耐看。

　　如果说唐代的执壶造型丰满圆润，宋代以后则逐渐收紧，此期的执壶更趋于清瘦。制壶形制多为喇叭口、瓜棱腹、长颈，颈部虽长，但长度短于肩腹部长度，有的执壶肩部宛若女人的绣花披肩，刻有折枝花纹饰。

　　各类瓷枕的式样继续流行。有新见的长方形瓷枕，枕面中部稍凹弧，枕的四个侧面均饰开光图案，开光内细刻婴戏图，两侧面浅刻浮雕开光内饰折枝花。

　　其他类型瓷器，如一些小型花口瓶的口沿塑成含苞待放的花苞状，线条流畅，体薄釉亮；口沿如盘的盘口瓶，其形体虽硕大，但丰肩、瘦腹、平底恰是美人玉立；圈足炉也逐渐造型丰富，细工精巧，垂莲装饰日渐逼真，有的香炉腹部还采用了刻划与堆塑之技法，所作飞龙呼之欲出；前期的壶式多管器为此期的盆式多管器所取代；常见有各类器盖，其总体特征是器形较大，器表素面无装饰，盖纽古朴；各类盒子继续流行，不过形体有趋高之势，造型语言简单，器内纹饰也简单化；清理口腔残碎之物的唾壶，是此期新见的产品。

此期器物多数胎质较细，质坚胎薄，有一些新见的盏、杯等小件瓷器，逆光而视其胎，薄得几乎透光。有的胎质较粗，釉色土黄。此期青白釉施得相对较厚，器物下腹及腹足交接处可见积釉和垂釉现象，足部的一些积釉容易与垫饼粘接，使得垫饼与器物无法分离。

中国瓷器装饰的发展规律就是由简洁到烦琐的过程，此时期的纹样明显增多，工艺技法也逐渐成熟，使用"半刀泥"技法装饰器物开始流行，使器物表面花纹凹凸明显是"半刀泥"技法的最大特点。青白釉瓷器美就美在白里透青，而"半刀泥"的技法更能使纹理间积釉由薄到厚，使青白之间透闪着影青，犹如白帆挂着湖水，纹饰富有体感，酣畅淋漓。碗盘内底及内壁是纹样装饰集中之处，海涛、飞禽、折枝花纹开始流行。碗内壁刻划荷叶、牡丹、云气纹，外壁则刻划菊瓣、变形莲瓣纹等。盘内分区装饰较明显，即内壁与内底常装饰不同的纹样：有的内壁刻四团鸾纹、内底则刻划双凤纹；有的内壁与内底均刻三团鸾凤纹；有的内壁刻牡丹纹、内底则刻荷叶纹；有的内壁刻四团缠枝

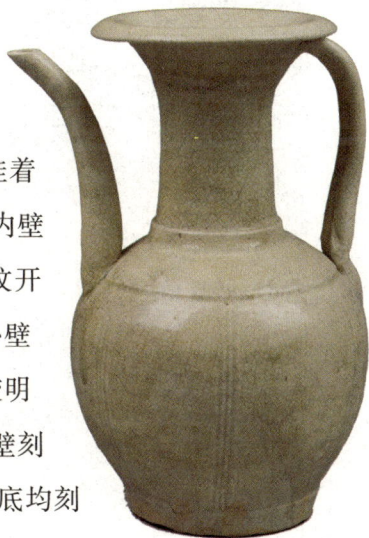

▲ ［北宋］·青白釉喇叭口双筋执壶

▲ [北宋]·青白釉芒口花沿盘

▲ [北宋]·青白釉芒口刻花双鱼洗立图

花、内底则刻朵花；有的内壁三开光内刻饰朵花、内底则刻三团鸾凤纹；有的内壁刻水波纹、内底则戳印印章款；还有的仅在内底刻篦地菊花、三束莲、水菊、荷叶、海涛纹、三团鸾凤等。这段时期新流行的纹饰是缠枝菊花间饰以细密篦纹，其线条刻划细腻，篦纹流畅，主体纹饰与次要地纹相辅相成，与"半刀泥"的刻划手法效果迥异。在炉、枕等琢器上，采用雕刻、浅浮雕的装饰技艺趋于成熟，可谓工艺精湛，线条流畅。

芒口器是仿制定窑的烧制方式，装饰采用刻划或印花。在盘、碟内底，规整地刻划着牡丹纹饰。深腹碗外壁

▲ ［北宋］·青白釉芒口刻花双鱼洗平图

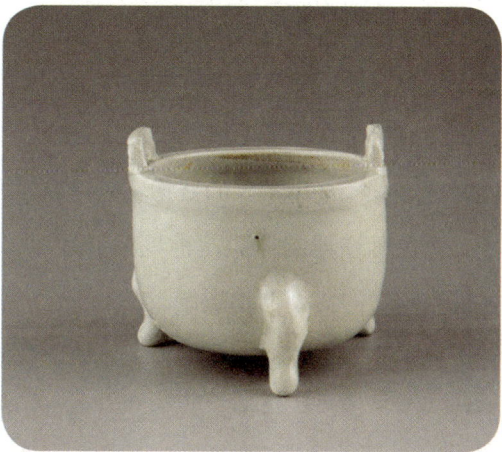

▲ ［北宋］·青白釉双耳三足案炉

壁，则疏朗地刻划着缠枝莲花。印花装饰手法见于盘底、碗心或盒盖上的模印鱼纹、朵花等。此时期的印花技艺才刚开始发育，瓷器上运用得相对较少。长方形褐色点彩枕非常流行，品种丰富。各类动物瓷塑日渐增多，开始流行。

此时的窑内装烧状况，窑具有桶状匣与漏斗状匣，发现新见少量多级

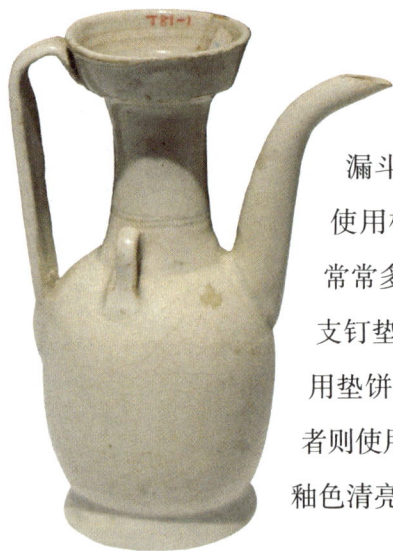

▲ [北宋]·青白釉双系盘口执壶·
中国陶瓷博物馆藏

的垫钵。装烧盘、碗等圈足类圆器使用漏斗形匣。装烧枕、炉、罐等琢器或小件器物使用桶状匣，而杯、盏、葫芦瓶等小件器物也常常多件置于一匣内烧制。仍使用垫饼、垫圈及支钉垫烧具作间隔，以避免窑粘现象。小件器物用垫饼，大件器物多用垫圈，底部大者或大圈足者则使用支钉等。由于湖田窑的胎色较洁白、青白釉色清亮，加上瓷土内铁元素反应明显，所以器物足部有垫烧褐色的痕迹，有的器物底部甚至还残留垫饼的渣痕。多级垫钵用于芒口器烧制，此类垫钵有特殊形式，底小口大，除少量用一般匣钵土作胎外，多数则采用瓷土作胎，内壁常等距离地留有数道凹槽，其奥妙之处就是利用凹槽直径大小不同，可以同时覆烧直径大小不等的器物，以提高效率与产量。

青白釉瓷器的样式比前期明显增多，除了前期所具备的器物继续烧造外，新增的典型器物形制有：斗笠碗，平底盘，卷沿盆，芒口碟，子口罐，直颈罐，小罐，大口罐，长颈瓶，琮式瓶，梅瓶，汤瓯，渣斗，长方形枕，圈足炉，三足炉，八棱炉，烛台，熏座，器座，罐盖，鸟食罐，凹底盒，联子盒，人物砚滴，袋形砚滴，围棋子，人物头像，猴塑像，象塑像，狮塑像，鹿、猪、鹭鸶、比翼鸟、鸡塑像等。

4.北宋徽宗至钦宗年间（1101—1127 年）

此段时期生产青白釉瓷器的品种主要有盘、碗、瓶、盏托、灯具等，也有少量的壶、枕、炉、盒子等。

碗是人们经常接触的器物，容易被关注与改进，所以碗类器形变化较

大。斜直壁、尖唇、内壁刻
划花是本段时期碗类形制的
最大特色。墩式碗虽继续生
产，但形制变化趋小，工艺
停止不前，且胎粗、釉黄、
素面无工。有一种斜腹、尖
唇、圈足缩小的高圈足"斗
笠碗"则日益增多，无论工
艺还是胎、釉，此类高圈足
"斗笠碗"，均能代表湖田窑
青白瓷的最高烧制水平。当
时流行矮圈足碗，其腹壁形
式逐渐斜直，干净利落，碗
内底心也逐渐缩小，且演变
成小圆圈内底；修足较规整，
足墙平直，毫不含糊，足部
仍然较高；偶见塌底现象，
是因为胎体较薄，花口碗形
体趋小，胎体趋薄。

　　盘的形制，斜壁浅腹敞
口盘较多见，腹部比以往更
浅，多数素面无纹，有的模
印三束莲纹，釉薄且釉色青
中含绿，透见利坯痕迹，如
此工艺预示着此类盘正逐步

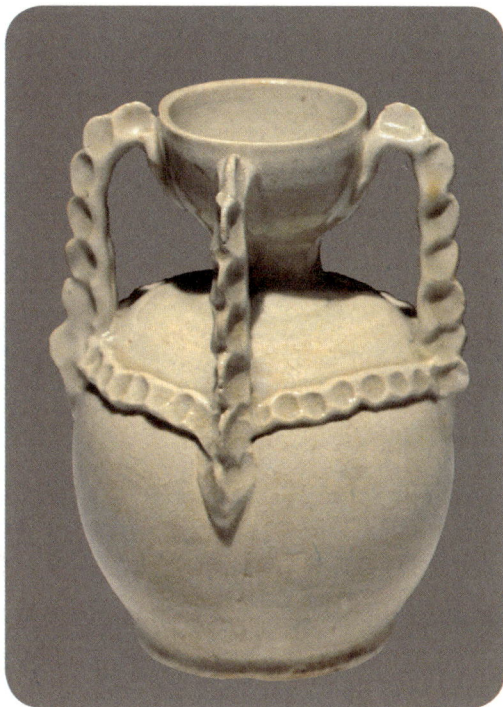

▲ ［北宋］·青白釉四系盘口罐·
中国陶瓷博物馆藏

▲ ［北宋］·青白釉行炉

▲ [北宋]·青白釉印凤纹盖盒

走向衰落。

执壶受人喜爱，仍较常见，演变特征较以往更是趋高趋瘦，直至腹部近似圆柱形，底部直径较大，长喇叭口与肩腹长度几乎相等，有的执壶表面刻有云气纹或弦纹，常有铭款戳印在执柄上。如"李十哥男小四玄壶""李四哥削瓶"等，壶的形制是由瓶演变而来的，所以此时瓶、壶称谓仍未完全区分。壶的变化越来越小型化、轻巧化，如小型的盘口壶、扁腹形壶。

其他器物此时也有不同程度的变化，圈足炉逐渐小型化、简单化。随着佛教的世俗化，以往盛行装饰的垂莲，变成简洁的多道凸棱装饰，有的圈足甚至演变成简单小圆饼足，釉色幸亏还较清亮，不然其黄灰釉色就毫无称道之处。还有一些小型器物很有特色，如竹节罐、八棱四系罐。瓶类器物的新见产品，如凸弦纹长颈瓶、兽耳瓶、八棱喇叭口瓶等，看上去具有仿铜器的造型。这段时期的盏托线条流畅，造型静美，这种美得益于器物比例的变化，托台的变矮，逐渐低于盏托的沿面，足部常有心形镂孔，意味深长。盒子仍是常见之物，形制规整、方正。此时的子母盒变小，而单体盒却似乎趋大，并出现了仿真形式，如菊瓣形盒、八棱盒等。盒底常戳印印记，如"陈家盒子记"等。器盖是器物重要的组成部分，是器物艺术表现的重要之处，总体归纳其特征，造型古朴，器表装饰内容较少，开始出现局部印花、雕塑等装饰手法。砚滴均采用合范模制成型，形制丰富，造型各异，有扁腹壶形、飞鸟形、观音坐莲形、童子拜佛形等。其余

▲　[北宋]·青白釉印花斗笠碗立图

还见有抄手形砚台、围棋、象棋、陈设瓷、大件莲花座器、人物雕塑等。

　　此段时期，青白釉器物逐渐达到湖田窑瓷器生产的最高水平，多有青白釉芒口碗、盘、碟等。所谓芒口就是器物口部刮釉，足内满施釉，且胎质致密、洁白，釉质细腻，釉色青中带翠，纹饰刻划布局疏密有致。其他器物同样是品种大增，造型千姿百态，烧制规整，胎质坚硬致密、细腻洁白、胎与釉的结合稳定性良好，由于釉色青翠，多数器物显露出魂牵梦绕的影青之色，几乎未见以往制瓷中常有的脱釉及釉面

▲　[北宋]·青白釉印花斗笠碗平图

裂纹现象。

此时器物的装饰特征，碗盘类主要布局在内壁装饰，传统纹样继续存在，同时也出现了许多新的纹样。如在碗中就常见刻划三团花、三束莲、三团牡丹、菊花、荷花、海涛纹、三团鸾，戳印印章款识"宋""占"等，意趣横生。芒口碗内壁多模印水藻双鱼或凤穿牡丹纹饰，外壁则刻划水草纹。盘内壁纹饰刻有缠枝牡丹、缠枝菊、折枝菊、折枝花果、三团鸾、篦划三束莲、婴孩攀枝纹、婴儿戏水、龙、云气等，印花纹饰有三团鸾、三束莲、游鱼纹等。芒口盘主要在内底对称分组装饰，模印三四组

▲ [北宋]·青白釉印花六面盖盒

▲ [北宋]·青白釉印竹篦纹双鱼洗

团花或游鱼纹饰，印纹未见繁密，构图大气且疏朗。刻划细腻之中含奔放，构图活泼且率真，线条流畅而无羁，洋溢着浓浓的生活气息正是此时的艺术特征。

龙窑底垫有砂层，以漏斗状匣、桶形匣居多，还见较多的盘形匣或多级钵形等。碗类器物装烧仍采用漏斗形匣，垫饼或垫圈依旧作为间隔之

用。小件桶形器物或大件器物以桶形匣装烧，常见大件器物使用泥钉作间隔器，数件小器物并列置于匣内烧制。芒口器物则以盘形匣或多级钵形装烧，有的匣内装烧十余件。采用这类匣装烧，可通常见到器物底心向口部塌陷，造成多件器物相互粘接的废弃状况，这是由于胎质较薄、器物底部太重所致。

青白釉瓷器除了前期所具备的器物继续烧造外，新增的典型器物形制有：花口碗、仰烧侈口碗、覆烧碗、仰烧大盘、仰烧双腹盆、仰烧直口盆、竹节罐、直口罐、双唇罐、柳斗罐、花口瓶、直口壶、喇

▲　[北宋]·青白釉盏托·中国陶瓷博物馆藏

叭口壶、孔明碗、四足炉、异形炉、壶瓶盖、盒盖、砚台、动物形砚滴。

三、南宋青白瓷

1. 南宋高宗至理宗年间（1127—1224 年）

宋朝由北方城市开封迁都到南方城市杭州，领土兼并的战争冲断了宋朝发展的轨迹，从此有了北宋与南宋的概念。北方黄河流域的战争并未对南方长江流域的城市景德镇产生太大的影响，相反有许多北方的制瓷巧匠迁移到景德镇定居，促进了当地制瓷业的发展。此时，湖田窑生产的青白釉瓷器可分为两大类：仰烧类青白釉瓷器和覆烧芒口类青白釉瓷器。仰烧类：盘、碗、碟、盏、执壶、炉、枕、盒子、盖、渣斗、鸟食罐、围棋

▲ [南宋]·青白釉琮式瓶·
中国陶瓷博物馆藏

罐、砚滴、人物及动物雕塑等。覆烧芒口类：盘、碗、碟及盏等。

首先谈谈碗，此时期有仰烧类碗和覆烧芒口类碗。仰烧类碗以矮圈足碗居多，次之是高圈足碗，墩式碗极少见。矮圈足碗的造型特征是尖唇、坦口、腹壁斜直，内底收缩成小圆圈底；足内仅浅挖2—3毫米，使得圈足极矮，足墙也窄，多数宽约2毫米，显得足沿尖巧；较流行花口装饰，如"葵缺"式花口，内外壁均无压印凹痕；"S"形云气纹多深入胎骨剔刻在内壁，其间饰以篦纹丰富。高圈足碗整体趋小，不喜装饰，仅少数有篦纹或菊瓣纹刻划，有的碗心戳印文字及花形灯笼，如"宋""吉""詹""酒"等，印纹深入胎骨，清晰可见。这个时期出现了一些釉浊胎厚的撇口碗，其内壁先模制缠枝花卉，花叶周边再精细刻划并加工修整，凸显豪放的立体装饰效果，表象凹凸自然，抚之却平滑如初。

而覆烧芒口深腹碗较前期有些许变化，其口沿微坦，腹部由弧变成微弧，圈足矮，足墙薄，底施釉，芒口与腹部厚度相当，碗内壁分区模印清晰的折枝牡丹，外壁却素面无纹，青白釉碗开光印花之法由此开始。此期新出现内壁六处开光，开光内无装饰，其敞口、圈足宽且浅、斜腹壁、胎较粗且薄、釉色黄，内底刻划游鱼的芒口大碗。

覆烧类盘虽少见，但器物造型则与前期大致一样。多为大盘，圈足宽大，足墙浅薄，底施釉。有的盘心刻划双鱼纹，使用流畅粗犷的"半刀泥"表现手法；有的盘心模印荔枝、凤穿牡丹、喜鹊闹梅、莲塘水禽等图案，口沿内有如意纹、回纹装饰，构图布局工整，清晰光洁的釉面，无不闪现着生活之情趣。

在出土的湖田窑青白釉瓷器中，芒口盏与碟较多。盏多为深腹杯形，圈足小，胎壁薄，胎质致密而细腻，迎光可透；常见盏心模印纹饰有朵梅、芦雁、水草纹、折枝梅等，看似不经意的寥寥数笔，却透着清新自然，高格而脱俗。芒口盏内底心模印各种简单的纹饰。芒口碟形制较小，近乎平底，内底刻划牡丹纹饰。此期新见芒口杯，有圆腹、八棱腹等，胎薄釉青，内底模印折枝花卉。

▲ ［南宋］·青白釉婴戏凤尾大圆心碗

▲ ［南宋］·青白釉婴戏凤尾小圆心碗

此时执壶较少，总之形体趋小型化，造型多样化，有盘口壶、侈口壶和扁腹壶等。扁腹壶肩部有立耳，具有金属器的形制特征。

有座炉和圈足炉不多见，并趋于矮小、简洁，筒腹形和多边形圈足炉逐渐取而代之，炉外壁有纹饰刻划，如牡丹及婴戏等。有些炉的熏盖分组镂空成缠枝牡丹状，形式精美，工艺精湛。

另外，此时期的长方形枕逐渐演变成圆角，折枝莲刻划在枕面，枕侧镂空成缠枝牡丹状。有较多腹部修长的大盘口瓶、小口梅瓶，有的外腹部刻划团花。新见一些可能与围棋罐有关的肩带鼓钉敛口小钵，钵内外施满釉，釉色青葱如翠。常见扁平单盒，边缘多模印成多边形或菊瓣状，盖盒多模印成盛开菊瓣状。此时出现四边形花盆，其外壁剔刻的开光内浅浮雕戏婴及缠枝花卉。常见一些有座的装饰仰莲的大型雕琢器物，胎浑厚而洁白，影青釉色多纯正，惊世冷艳。砚滴形式丰富，有八角形、扁腹形、动物形等，小巧玲珑，惟妙惟肖，文气十足。各式人物造型也是丰富而生动，有模印和雕刻两种手法成型。围棋、象棋在此时也常见。

事物的发展规律往往是由简单到复杂，这段时期青白釉瓷器的装饰同以往不一样，非常关注瓷器表面的装饰。主要在盘、碗、碟、盏等器物的内底及内壁，用刻划、模印、戳印各类纹饰，一些雕琢器物则采用浅浮雕、镂雕等技法装饰。在碗内壁常见刻划纹饰，水草、水波纹继续沿用，而双龙、团鸾、婴儿攀枝、婴儿戏水纹尤为盛行，此外还有常见的纹饰，如牡丹、菊花、三束莲、三团鸾、四团鸾、螭龙、芦雁、荷叶、唐草、玄武、刘海图、漩涡纹等。碗外壁有

▲ [南宋]·青白釉八卦兽足炉·中国陶瓷博物馆藏

时会刻划一些仰莲纹、折扇纹等。在碟、斗笠碗、盏、杯等的底心部位，戳印牡丹、芦雁、朵梅、折枝梅、荷叶等纹样，还戳印其他特殊符号，如"宋""吉""酒""詹""胡""占""黄""陆"等文字或灯笼图形。有些盒子底部还模印款识，如"段家合子记""陈家合子记"等。芒口碗、盘内底及内壁也是多模印各种纹饰，内底常印开光并内饰凤穿牡丹、折枝梅、双龙、双鱼纹、凤穿荷塘、盆景山石等，而内壁则常印缠枝花、如意、仰莲、回纹等。此时最成熟的"半刀泥"手法酣畅淋漓地运用，其刻划纹饰生动，题材丰富，布局繁密，粗犷流

▲ ［南宋］·青白釉花瓣印纹盖盒

▲ ［南宋］·青白釉花棱印纹盖盒

畅。而模印纹饰严谨，布局疏朗，印纹清晰，题材寓意深刻，散发着浓郁的生活情趣。

这段时期的湖田窑采用龙窑烧制，龙窑长二十多米，窑底坡度十三度左右，用楔形砖砌成。使用组合式支圈覆烧具及漏斗状匣，组合式支圈覆烧具是新出现的窑具。此类窑具的长处，可大大增加器物的装烧量，这样

▲ [南宋]·青白釉花棱折腰碗

器物的品种开始相对单一化，批量化的概念由此产生。但此窑具本身存在一定的缺陷，使器物烧成火候变低，釉色趋于米黄，胎薄，质地较疏松，因而废品率增多情况明显。

青白釉瓷器除了前期所具备的器物继续烧造外，新增的典型器物形制有：仰烧饼足碗、覆烧小碗、仰烧平底盘、芒口圈足盘、双腹盆、仰烧卷沿盆、小钵、覆烧盏、仰烧杯、芒口杯、瓜棱瓶、狮背瓶、蒜头瓶、扁腹壶、铫、洗、镂空枕、灯、扁腹形砚滴、长椭形砚滴、多边形砚滴、象棋、围棋罐、佩饰、春宫、男根。

▲ [南宋]·青白釉菊瓣棱盖盒·
中国陶瓷博物馆藏

湖田窑烧制的青白釉瓷

器，发展到这段时期已经达到了最高水平。瓷器品种骤增，仰烧器物继续大量烧造，覆烧芒口器也大行其道。瓷器造型丰富多彩，装饰艺术表现手法也层出不穷，器物规整且精工制作。胎质细腻而坚硬致密，变形率低，成品率高，胎色如白羽洁白，胎釉之间若天缘结合，几乎见不到脱釉及釉面冰裂的现象。釉色宛若蓝天映湖，泛青波含翠意！

▲ ［南宋］·青白釉葵口素面碗

2.南宋理宗至南宋末年间（1225—1279 年）

前文所述，湖田窑烧制的青白釉瓷器已经达到了最高水平。任何事物一旦发展到顶峰时，接下来就是回落，一直保持高峰状态是很

▲ ［南宋］·青白釉芒口高足洗

难的，也是不可能的，只有创新才能赋予新的生命、新的发展。这段时期可以说是湖田窑青白釉瓷器生产历史上的维持期和酝酿期，是新产品诞生的前奏。

此时的青白釉瓷器中，仰烧器较少，所见碗形基本上都是斗笠碗和矮圈足碗，不见高圈足碗。小型斗笠碗，其饼足小，壁直口大，虽造型

▲ [南宋]·青白釉芒口花棱碗

▲ [南宋]·青白釉印花盖盒

别致，但重心不稳。矮圈足碗，腹深口大，同样有重心不稳之感。其内壁用细线划婴戏海水纹饰，婴孩形体较大，手足比例失调。新出现了一种近似饼足的宽圈足大碗，内壁剔刻纹饰，釉色青白泛绿，有乳浊感。

执壶比较少见，但品种各异，有平口及矮直口扁腹壶，平底没施釉，短流倔强般地朝天，口外侧印菊瓣纹，上腹印缠枝花纹，器物上小下大，形态端庄大方。

三足炉较多见，有平口、直口和子口等多种类型，大多为兽面形足，兽面模糊不清，外壁划水波纹或印八卦纹，熏香用的炉盖多镂刻分组缠枝牡丹花卉，构图奇特，不按常规布局，工艺精湛，气质不俗。

此时期新发现一种梅瓶，肩广而圈足宽，造型敦实厚重，外腹壁刻缠枝花草纹，亦称唐草纹。还有一些常见的瓶，如盘口长颈瓶、八棱颈玉壶春瓶。

青白釉覆烧芒口器此时期烧制已占绝对多数，大多有盘、碗、碟、盆，少量有小碗、斗笠盏、小杯、盒子、罐盖等。芒口深腹碗外壁装饰的仰莲，演变成简单刻划的仰莲，立体感欠佳，青绿釉色微失透。多数碗圈足矮小，腹微弧，底足端露胎内施满釉，并有火石红泛出，外壁偶见划水菊纹，由于胎薄而透明，釉色有乳白或青绿，微失透。有一种芒口大圈足坦口碗，其数量最多，此类碗与仰烧碗造型相近似，只是圈足大些而已，从厚度上分析，其口部与腹部相当，釉底平坦，常见碗内壁有六处开光，内底平坦，划细线游鱼纹，青绿色釉，有微失透感，纹饰若隐若现。还有一种十分罕见的芒口大圈足碗，其内壁剔刻数组飞凤纹，纹饰层次分明，且结构紧密，釉呈乳白色，稀罕的是釉质失透。

▲ [南宋]·青白釉芒口刻花洗

芒口盘形制丰富。有一类盘方唇，腹部浅弧，圈足宽且矮，薄胎，外壁可见韵律轻松的旋坯痕，内底及壁模印各式花卉或开光盆景的图案，印纹清晰如真，有强烈的凹凸感，釉色如米之黄或青之绿，均有微微的失透

▲ [南宋]·青白釉芒口刻花洗底部

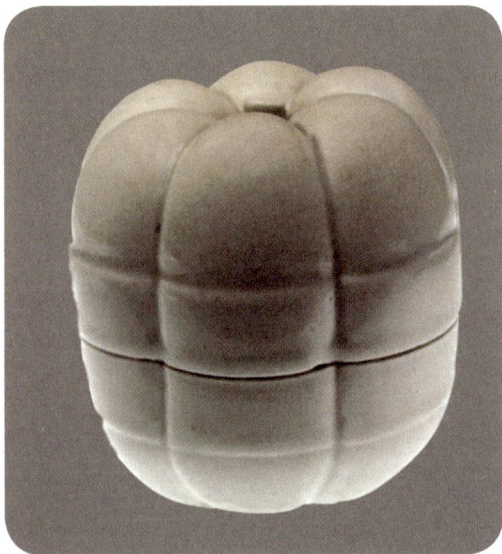

▲ [南宋]·青白釉南瓜形盖盒·
中国陶瓷博物馆藏

▲ [南宋]·青白釉抬头狮

感；还有一类芒口盘浅腹、卧足，胎壁厚薄均匀，盘内壁刻出大朵莲瓣或模印菊瓣。碟亦卧足、浅腹，胎壁亦厚薄均匀，碟内壁模印折枝花卉纹。

此时新出现了一种直径达40厘米的浅腹大盆，口沿有芒且外撇，厚胎，黄灰釉色，开大片冰裂纹。芒口斗笠小盏及小碗等胎壁较薄，芒口处胎质白净，内壁印折枝朵花，清新如春风拂面，雅致如文人墨染，别具一格。小杯形制也较丰富，独具特色的有芒口八棱杯。总之，芒口瓷器的器形趋小，胎壁趋薄，胎质普遍细腻、洁白。盒子多见单盒，形状扁平且宽大，外表素面无纹。瓷器盖子趋于简洁，多见大的荷叶形顶盖和平顶圆盖，有缠枝花纹模印其上。

青白釉瓷器发展到这个阶段，器物较前期有所减少，形制更是显著减

湖田白瓷*美境*

少。除盆类器物外，多数器物形体趋小、变矮，胎质相对疏松，胎体也较薄，施釉稍厚，釉面比较莹润，釉色青白之中闪绿或黄绿，微微失透。此时芒口刮釉平齐，几乎见不到垂釉现象，说明釉的黏度较大，与以往的釉所含的化学成分有较大区别。

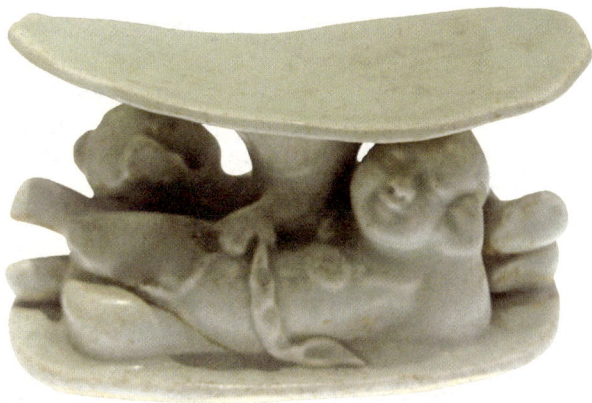

▲　[南宋]·青白釉童子瓷枕·中国陶瓷博物馆藏

　　器物的装饰手法也发生了变化，刻划花逐渐减少，而印花却逐渐增多，形式丰富多彩。刻划纹饰的主题仍以婴戏、玄武、团鸾、鱼藻、折枝菊、折枝梅等为主。印花纹饰的主题除继续表现芦雁、荷莲、凤穿花图案外，更多则出现组合式印花纹样，往往在碗、盘内底心或下腹印芦雁、凤穿牡丹、游鱼等图案，而在器物口沿内壁印牡丹、钱纹、盆景等图案，凤凰、芦雁、梅花、荷花、寿桃纹等成为装饰的主要图案，有的器物内底还印双鱼、菊花纹、荷莲，外壁刻仰莲纹，口沿印二方连续的回纹，纹样不甚清晰。还新发现杯、盏类器物内底心戳印朵花、朵梅等纹饰。

　　这段时期湖田窑仍采用龙窑烧制瓷器，大量使用组合式支圈覆烧窑具，还有圆

▲　[南宋]·青白釉叶纽瓜棱水注

▲ [南宋]·青白釉圆心刻花碗

饼形垫具和盖具与之相配套。由于覆烧器物空间太密，常发生多件器物连同支圈烧塌变形的现象。大件器物或仰烧器物的装烧，仍然使用漏斗形匣和桶形匣。

青白釉瓷器除了前期所具备的器物继续烧造或停烧外，新增的典型器物形制有：覆烧深腹碗，覆烧浅腹碗，覆烧小碗，芒口平底盘，芒口大盘，芒口盆，高足杯，扁腹罐，瓜棱罐，六棱瓶，八棱瓶，小瓶，尖底瓶，扁形壶，鹅塑像。

四、元代白釉瓷

1.元世祖至元仁宗年间（1279—1320年）

湖田窑瓷器烧造发展到元朝，是白釉瓷器演变过程中的一个转折时期，湖田窑在此期同时生产青白釉、卵白釉、黑釉瓷器等。多数青白釉瓷器采用覆烧方式，故留有芒口，特征是胎薄而质较粗松，釉薄而色呈灰黄，开细小片纹。器形以碗、盘、盏为主，以高足杯、小罐、洗、小盒、砚滴、匜匣、人物和动物瓷塑等为辅。在青白釉仰烧碗中见到一种饼足侈口碗，其胎厚质粗，釉厚且呈青灰色，内外施满釉，足部露胎，内底心有的出现一周涩圈，素面无纹。有的碗采用一匣一器仰烧，有些碗则在一匣内采用涩圈多件叠烧。

　　芒口碗中，深腹碗芒口是厚圆唇，底心微现小圆突状，内壁刻划简洁飘逸的水草纹，多数胎质粗，釉色黄，有的底足满釉，或者涂刷薄浆水，釉面开冰裂纹。浅腹碗口坦足宽，内壁模印花卉纹或鱼藻纹，有的刻简洁水草纹，粗犷而率真，釉色泛绿，釉面失透，接近卵白釉的特征。由于其胎薄及刻印技法与以往的青白釉碗相同，可以看出明显的技艺传承。此时出现一种厚胎饼足碗，撇口有沿，足端略有浅圈足，有的内底及腹壁用粗线刻划花草纹，有的则素面无纹，胎白釉厚，釉色接近仿龙泉青瓷呈青翠，采用

▲ [元]·白釉八角字纹高足杯

▲ [元]·白釉瓜棱壶·中国陶瓷博物馆藏

垫饼单件仰烧。还出现数量较少的青白釉折腰碗，其口部外张明显，近底处折腹，足宽且低矮，足端很薄，足内施满釉，芒口胎釉结合处呈现美丽的一线红；内腹壁及内底印菊瓣纹和折枝花纹，纹理不清晰，凹凸感不明显；釉色青白之中泛绿意，釉面微微失透。这类器物兼有青白釉瓷和卵白釉瓷的共同特征，是一种青白釉瓷演变至卵白釉瓷的过渡产品。

▲ [元]·白釉龙纹竹节高足杯

▲ [元]·白釉兽耳罐·中国陶瓷博物馆藏

青白釉盘的品种越来越多，如八棱盘、折腹盘、平底盘等，盘体越来越浅，盘内多印狮舞绣球纹和折枝花纹，刻栀子花纹等，胎总体看上去薄，釉色青白之间泛米黄，釉面乳浊失透。

仿金属器物的各式瓷炉品种丰富，如鬲式炉、鼎式炉，还有三足炉、四足炉，其外壁印八卦符号或螭龙纹，足部印各类兽面纹。炉体较小，胎质粗釉面显黄，纹饰隐约不清晰。

其他器物，如仿玉器的琮式瓶，瓶体小巧，不如玉器精致；采用模制工艺的各式小扁腹罐、小盒、小瓶等常见，胎质粗，纹不清；新发现一些饼足小碗、小杯，胎质较粗，釉色青绿，素面无纹。

此时期的青白釉瓷器的装饰技法，有刻划、模印及镂雕等。刻划花多为莲瓣、

▲　[元]·白釉印花粉盒·中国陶瓷博物馆藏

双鱼、荷叶纹等，刻纹较简洁，随意粗放；印花主要模印双凤、双鱼、双团鸾、菊花、荷叶、牡丹、折枝花、菊瓣纹、织锦及回纹，印纹不甚清晰，同样是较粗犷。

　　卵白釉瓷器的出现是这段时期的亮点，釉色泛青，釉面较清亮，釉质有较好的流动性，常见器物的口沿下有一周流釉痕，尚存青白釉的遗风。与青白釉相比，主要表现在釉质的粘连度较强，釉已经不再透明，釉面显得肥厚而温润；由于釉料淘洗较粗糙，所以大多数瓷器釉面上可见黑色小棕眼。器物形制主要有小足浅盘、折腰碗和高足杯三大类，尤以高足杯为多。高足杯是这个时期值得浓墨重彩的品种，其造型规整，修胎精细，甚至有的口沿极薄。高足杯内壁模印云龙纹，其间似二龙同向追逐，形象生动。杯心模印八吉祥、八大码或六瓣栀子花纹，有的高足杯器壁上还见模印"玉"字款识。其他器物装饰主要是模印各式花卉，而碗、盘类常在器

▲ [元]·白釉釉里红点彩碗·中国陶瓷博物馆藏

心模印菊、四团莲、牡丹纹等。在器壁模印与器心花卉相同的六方连续的缠枝花卉纹,偶见模印多层呈放射状的菊瓣纹。此外,有的碗、盘内壁模印"枢府"款识,应该是官府督造的官窑器。

此时的湖田窑采用龙窑和葫芦形窑烧制瓷器,组合式支圈覆烧窑具多见,漏斗状匣、桶形匣窑具少见。青白釉饼足碗有的采用一匣一器单件仰烧,以垫饼为间隔;有的采用内底心刮釉的方式,使其局部涩圈,从而多件叠烧。卵白釉器则采用瓷质垫饼做间隔器,有的直接置于匣底而没有间隔器。为避免坯胎与垫饼相粘,往往会在垫饼上撒

▲ [元]·白釉盏托·中国陶瓷博物馆藏

一些谷壳等，支圈和瓷质垫饼在窑址中发现的数量最多。

青白釉瓷器除了前期所具备的器物继续烧造或停烧外，新增的典型器物形制有：覆烧斗笠碗、饼足盒、印章盒、鹿塑像及青蛙塑像。从数量和品种上分析，青白釉瓷器的发展已经逐渐放缓，其历史使命正逐步完成，湖田窑烧瓷的技术革新正在迎接曙光。

作为由青白釉逐渐演变成卵白釉的瓷器，其新增的典型器物形制有：碗、盘、高足杯、砖和瓦。

2. 元英宗至元惠宗年间（1321—1368年）

青白釉、卵白釉、黑釉和青花瓷器是这个时期湖田窑生产的主要品种，青白釉瓷器多为覆烧，呈芒口，也有一定数量的非芒口仰烧器。

仰烧碗多内底带涩圈，呈侈口，有饼足或圈足，胎厚质粗，多灰黄釉色，开片常见，器外下腹施釉不讲究，有不规则露胎，整器素面无纹，与前期同类产品无异。饼足折沿碗是新见产品，其形体硕大且胎体厚重，由于胎质细腻，容易制作规整，内壁剔刻大朵折枝花卉，线条流畅豪放，足端以外皆满釉，釉层厚，有开片，釉色宛如春天碧绿，风吹草动。

芒口器广泛适合于碗、盘、杯的烧制。芒口碗为支圈覆烧，通常口部外撇，有微微折沿之感，圈足宽大且足沿较尖，少量圈足足沿宽扁，与卵白釉器的底足类同，而且外底心呈小圆突；

▲ ［元］·青白釉盖罐

▲ [元]·青白釉瓜棱花口印花碗

器内外稍有装饰表达，少量印有缠枝牡丹、缠枝花、带状回纹、竹叶等，触摸纹式凹凸明显，但纹理不清；釉层较薄，釉色有青绿、青黄之分，观之微微失透；足底有的满釉，有的露胎，有的则涂刷一层浆水，而刷浆水处多见火石红泛出。浅腹碗由于足小口坦，所以重心不稳，少量内壁印鱼藻纹，多泛青绿釉色，足部特征与深腹碗类同。折腹碗有的芒口，比前期较内收，圈足普遍趋高、趋宽；底心微有凸起，与卵白釉器造型接近；胎质较粗，色黑褐；釉层较薄，导致器壁的修坯痕清晰可见；多泛青绿釉色，釉面有的缩釉，可见棕眼，芒口处一线露胎。

品种丰富的青白釉盘，形式多样，盘腹比以往更浅，盘内多印狮舞绣球纹、折枝花纹等，还有刻栀子花纹等；胎体浑厚，釉色青白泛黄，釉面乳浊失透，有冰裂纹。

青白釉高足杯，其撇口深腹且底尖，饼足明显矮于腹深；有的内壁模印开光，内印文字，足部无纹；胎色灰黑，多青绿釉色。有些饼足小碗、小杯，胎质较粗，釉色青绿，内外无纹饰，与以往所见同类产品毫无差异。

此时期青白釉的总体特征是：坯料淘洗不精，胎质普遍较粗松，有的见较大颗粒，胎色灰白或灰褐；加工坯胎较粗，修坯有明显痕迹；釉色分青黄、青绿；釉面普遍浑浊，微失透；器物多半无纹饰，少量内壁模印竹叶、缠枝牡丹、带状回纹，纹式虽凹凸明显，但纹理不甚清晰。

湖田窑烧制的卵白釉瓷器已大量出现，卵白釉瓷器的釉面几乎呈乳浊状，釉色白里透青，因似鹅蛋之色，故称"卵白"釉。这时的釉质粘连度普遍较强，釉的流动性弱，不见流釉痕，由于釉层肥厚，覆盖力强，使得釉下印花纹饰模糊不清。釉料淘洗粗糙，烧成后釉面常见棕眼。器物造型仍以小足浅盘、折腰碗和高足杯为主，只是形制较以往更加丰富。另有宽足盘、大口弧腹碗、连座瓶、玉壶春瓶及建筑材料砖、瓦等。纹饰工艺除了早前的印花外，还有刻花、贴花等。盘、碗印花除了以往常见的菊、莲、牡丹等缠枝花纹和团花纹外，还增加了祥云飞凤、八吉祥、云龙、云雁纹等图案。高足杯壁除印双龙纹外，还见单龙印纹。印花图案普遍模糊不清，因而辨识度不强，美中不足。有的器物模印"枢府"款，其模印文字依然模糊不清，字体也不够端正。

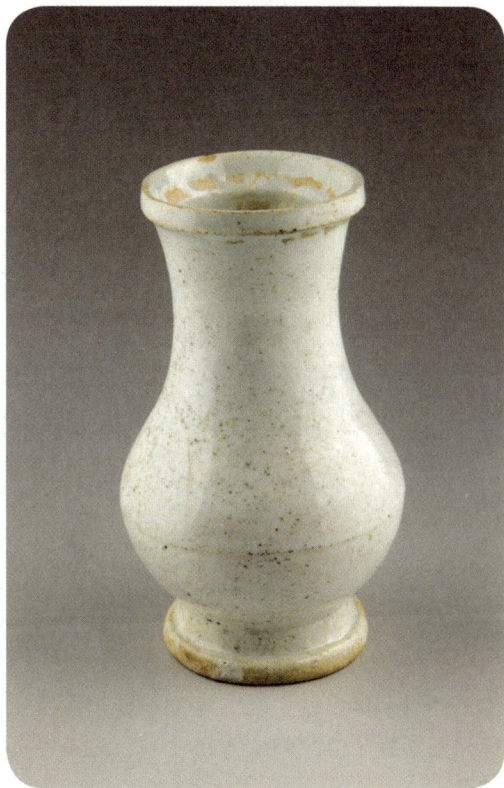

▲　[元]·青白釉瓶

青花瓷器，是使用进口青料高铁低锰并含有微量砷和国产青料高锰低铁两种元素绘制的器物。大盘主要使用进口青料，青花发色蓝中闪绿，浓重而艳丽。由于青料打磨较粗，在运用勾、拓画法时，笔触重复部分容易产生积料，所以烧成时青花积料处常出现黑褐色斑点。

元代青花瓷器的特点是硕大、厚重，观之有朴实、稳重的感觉。器形以大盘为主，瓶、罐等为小件器物，且数量也较少。将器物的圈足直接放在砂垫上仰烧，为防止大盘圈足承受重量在焙烧时陷于砂渣中，制瓷艺匠不得不增厚足壁，增大圈足，把足身做成外撇状，呈"八"字形。

装饰技法与青白釉、卵白釉不一样，元青花图案布局繁密，层次丰富，主次分明。大盘等圆器一般采用同心圆分布方法，为多层次放射状，分白地蓝花和蓝地白花两类。直接用笔描绘。运笔干净利落，点、画、拓、染准确清晰。大盘采用点、画、拓、染综合运笔技法，较大块面的渲染也是一笔而成。小型器物则以单笔勾勒涂拓或白描方法，辅助纹饰大多一次性用线描画成。

▲ [元]·青白釉十二生肖凤纽盖塔罐·中国陶瓷博物馆藏

元青花的装饰题材丰富，有竹石、荷花、麒麟、香瓜、番莲、莲池水禽、莲瓣绘杂宝、如意头、蕉叶纹等。以勾勒法描绘出的荷花，仅点染瓣尖，呈麦粒状，花瓣留白边，叶呈葫芦形。牡丹纹花叶粗壮饱满，勾叶脉后满色。莲瓣纹各自独立，互不相连，瓣内填绘杂宝或如意云头纹。竹石纹笔法沉着稳健，枝叶昂然，多挺劲向上。蕉叶中茎，多实心满色。大盘的主题纹样有竹石、莲池水禽、香瓜、麒麟纹等。瓶的颈部绘饰蕉叶纹，如意云头莲瓣则在瓶肩、腹部装饰。

　　此时期的青白釉器物逐渐衰退，而卵白釉器物和青花瓷器日益成熟。湖田窑青白釉器物仍以覆烧为主，窑址内多见残断的组合式支圈，大量涌现的是一匣装烧一件器物的漏斗形匣，基本用于装烧大型饼足碗、盘等器物，其足部有的以粗质垫饼间隔，有的直接置于匣内。内底带涩圈的青白釉碗仍在烧制，为多件叠烧。黑釉器物与青白釉器物装烧方式相同，不复述。卵白釉器物延续前期的装烧方式，除此之外，有极少量的器物可能还采用砂垫。青花器物可能采用一匣一器单件仰烧，垫烧方式与卵白釉相同。

　　湖田窑发展至元代，新的瓷器品种青花瓷的出现，昭示着湖田窑在中国陶瓷史上的巨大作用。从此以后，中国瓷器迈进了一个全新的境界，对瓷器的审美趣味与标准发生了颠覆性的变化，而湖田窑承担了这一历史转折的主要责任与使命。

　　在这个时期，湖田窑经历过较大的技术变革。此时继续采用龙窑烧制瓷器，采用特制的楔形小砖建造龙窑，砌建规整，结构紧密，耐火能力良好，可以延长窑炉的使用期限。瓢形窑的出现是龙窑向葫芦形窑过渡的最初形态，其全长 21 米有余，分前、后两室：前室很短，初具葫芦形状；后室较长，仍具龙窑窑身特征。烧制大型器物需要高密度的胎土，湖田窑率先采用瓷石加高岭土的二元配方制胎，使瓷器在入窑焙烧时变形率减少，胎体厚重的大器也可以烧造；器物胎体

▲　[元]·青花兽纽盖双耳香炉·中国陶瓷博物馆藏

在高温烧制下会显得更加洁白，青花发色也会更加浓艳。元青花的瓷釉也由 CaO（氧化钙）含量高的重石灰石釉，其主要成分是釉灰，高温下黏度小而易流淌，改为 CaO 含量低的石灰碱釉，其增加了釉果成分而减少了釉灰成分，高温下黏度大，不易流淌。由于元青花使用了石灰碱釉，在焙烧时能直接放在砂垫上，加上改进匣钵的装烧方式，使得仰烧法在此时又大为风行，在这样优化的烧制方式下，元青花器物的底足无釉，露胎，少有粘砂现象。

这段时期是湖田窑烧制瓷器创纪元的重要转折点，以往烧制青白釉瓷器所积累的经验是其创新的深厚基础，青白釉瓷器正在退出其历史舞台，首先让位于卵白釉瓷器，在短短不足百年的时间里，又要让位于青花瓷器。湖田窑的青白釉瓷器在此前有着五百年左右的产生、发展与辉煌，器物形式丰富多彩，包罗万象，是元代之前任何一个瓷器品种所无法比拟的，在此已经无法一一罗列，除了敬重，只能看着其慢慢地沉睡。

如果排除以往湖田窑所有器物的形式，就此时青白釉瓷、卵白釉瓷和青花瓷仍在烧造的典型器物形式有如下几种。

青白釉：覆烧浅腹碗、覆烧深腹碗、覆烧折腹碗、覆烧小碗、仰烧饼足碗、芒口盆、芒口圈足盘、仰烧大盘、芒口碟、覆烧盏、仰烧盏、高足杯、芒口杯、灯盏、罐盖、盒盖、壶瓶盖、鸟食罐、动物砚滴。

卵白釉：盘、碗、盏、高足杯、炉、连座瓶。

青花：盘、瓶等。

五、明代湖田

1. 明宪宗至明孝宗年间（1465—1505 年）

在这个时期之前的明代早期，湖田窑仍旧继续烧造瓷器，到了明代永乐、宣德年间，由于景德镇的官窑设置，制瓷中心逐渐转移到景德镇市区，湖田窑制瓷的中心地位也日益没落，皇宫指定的制瓷官窑迅速成长，使得湖田窑沉没的命运无法逆转。但是，湖田窑六百年左右的制瓷历史，积累了丰硕的成果与技术，养育和造就了世代传承的制瓷艺匠，这些能工巧匠为寻找自己的发展空间，举家迁居到景德镇市区，成为官窑及其他重要窑口的主要技术生力军，他们在新的窑业继续发扬和改进湖田窑的烧瓷技术及理念，深刻地影响着景德镇乃至全国瓷业的发展，这是湖田窑对景德镇的贡献，伴随着明清两朝在景德镇官窑瓷业的发展，成就了景德镇瓷都的殊荣与辉煌，更加凸显了湖田窑的博爱与永恒！

在湖田窑卵白釉瓷的影响下，明朝永乐时期景德镇御器厂烧制了一种半脱胎白瓷的釉色，呈半木光状，釉质洁白，肥厚如脂，温润似玉，比后来宣德时期的更光净，无棕眼，简称"奶白"，亦有写作"填白"。"填白"本是一种工艺，既于红、蓝等单色釉地上刻留花纹后填

▲ ［明］·青白瓷螭龙双耳杯

入白釉，因"填"与"甜"谐音，再加上白釉具有甜润的白糖色泽，故常常称为"甜白"。明代黄一正所撰《事物绀珠》卷二十二载有"永乐、宣德二窑内府烧造，以鬃眼甜白为常"之句，此后"甜白"称谓便沿用下来。

永乐甜白釉瓷坯胎中三氧化二铝的含量达 22%，说明羼入白高岭土的比例较多，这对于提高釉的白度起了很大的作用。在釉料中加入 5.28% 钾长石做助熔剂，也增强了釉的白度，并将瓷釉泛青的现象降低到最小限度。

甜白釉层有薄厚之分，薄釉常施于薄胎及脱胎的圆器上，釉面平整晶莹，器物的口足边沿及带系的棱角处微显胎骨，足边沿的釉面截削整齐，施釉不淌，有光素与刻、印纹样两种装饰。厚釉则釉质凝厚，比薄胎器的釉面更为肥腴，多施于厚胎琢器，以光素器为多。少数器物上有线条流畅的暗刻花纹，有时须仔细审视或借光线透视，方可看出纹饰或款字来。因此，往往真品反而不如仿品的纹饰、款字清晰。厚釉的釉面有平与不平之分，不平的釉面侧视如阴云密布的云层向下垂堆，器物的釉表面微显灰暗之色。

不论薄釉还是厚釉，永乐白釉器都有一个特点，既是迎光透视，胎釉呈现肉红或粉红色。而清代仿品在迎光透视下，则显青色透亮。这是明、清两朝胎料、釉质不同所致。永乐白釉器还有另一个特点，在器物足边和折角积釉处，常闪烁着灰青的光泽，釉面偶然显现如同青、灰、白三色交织在一起的极淡的虾青色，甚为奇特。

从湖田窑大量出土物来看，明代青花瓷器生产量较大。还少量出土青白釉瓷、白釉瓷、蓝釉瓷和仿龙泉釉青瓷等。

青白釉器物生产接近尾声，胎体较粗松，造型简单没创意，由于市场需求量不大而器形少。釉色泛白，釉面失透，不见纹饰。因青白釉瓷演变到卵白釉瓷再演变至白釉瓷，最后为青花瓷的诞生打下了白地蓝花的基础，白釉技术的改进直接影响到人们审美情趣的变化。此时的白釉器品种较少，其质地洁白细腻，釉色白中闪灰，微失透。主要器形有盘、碗、杯、高足杯、三足炉等，有些器物口沿涂一圈酱褐釉，虽显得突兀，但特别提神。多在器物外底心书青花方框花押款，方框内书"玉""福""口文自造"等字款。

青花瓷器是这段时期的主要产品，在湖田窑址出土最多。青花瓷器注重实用，器形简单。器物类型有盘、碗、碟、杯、高足杯、灯盏、器盖等。器物胎质较粗，釉面白度不高，釉色白中泛灰或泛黄，有的产品因釉层微微加厚，青色也随之加深，好像回到宋朝，看到了青白瓷釉面隐约的湖水青。

此时湖田窑的青花多淡雅，发色较沉。有的产品因釉层较厚，能看到微小气泡，使青花呈现朦胧、幽暗、松散之态。描绘器物时，构图布局疏朗，笔法以勾、拓、涂染的一笔点划为主，落彩笔触肥润、圆柔。纹式简洁率真，题材有缠枝、缠枝牡丹、折枝莲、湖石牡丹、螺旋菊瓣、扁轮、兰草、水草、空心梅、月影梅、岁寒三友、石兰灵芝、折枝果、简花花卉、双鱼杂宝、鱼藻、蝴蝶、海螺、海马、云气、仙人乘槎、十字宝杵、张骞出塞、隶书及草书"福"字、草书"寿"及"灯"字、十字菱形锦、龟背锦、卷草、回纹、海水边饰等纹样。

从纹饰的细节变化分析，此时的缠枝莲花心向里卷曲，呈螺旋形，花瓣看似芒穗状，卷叶既粗又短，看似桃实或豆荚，有的呈三角"枫叶"状或鸡爪形；缠枝牡丹卷叶在此时描绘成螺旋状，有的葫芦形叶小似蚌壳；月影梅、岁寒三友中的梅花均描绘为空心梅；亭台楼阁点缀在云气纹卷云之间，有的作弹簧状；仙人乘槎中描绘有仙人刘海；鱼藻纹中的鱼是鳜鱼形象；描绘的海水边饰呈叠浪状。

▲ [明]·青白釉盖纽水注

▲ [明]·甜白釉素面罐·故宫博物院藏

湖田窑此时采用的是葫芦形窑和马蹄形窑烧制器物，葫芦形窑前室和后室的长度基本相等，窑炉结构紧密，窑砖制作规范，窑温也控制良好。在装烧技术方面，可以说是每况愈下，采用的是漏斗形匣钵烧制器物。匣钵体轻薄，制作粗糙，往往器腹有破裂，因而烧制的废品较多。另外，烧制器物的瓷质薄垫饼须用瓷泥制作，成本较高，对于当时走下坡路的湖田窑来说是很难实现的，所以多采用砂垫，极少使用瓷质垫饼装烧，远不如湖田窑元明时期有使用瓷质垫饼的装烧。故器物底足满釉者少，露胎者多，往往足沿有粘砂的现象，器物挖足不过肩。不过，此时的湖田窑的窑工们仍坚持探索，用砂渣放在匣钵与垫饼之间的方法，使在高温下收缩的垫饼与不收缩的匣钵之间形成了一个滑动层，瓷器在焙烧过程中收缩自如，提高了烧制器物的成品率。

此时，湖田窑烧造的青白釉瓷、白釉瓷和青花瓷的典型器物形式有：

青白釉：仰烧碟、高足杯、鸟食罐。

白釉：盘、碗、杯、高足杯、三足炉。

青花：侈口盘、折沿盘、方碟、青花侈口碟、折沿碟、莲子碗、墩式碗、渣斗碗、侈口杯、喇叭形高足杯、竹节形高足杯、炉、罐、砚台、器座、计时器等。

2. 明武宗至明世宗年间（1506—1566 年）

无论是在湖田窑址，还是在其他墓穴的出土器物分析，这段时期的湖田窑主要生产的是青花瓷器，青白釉瓷已几乎未见，看来其已宛若一颗光辉灿烂的耀眼明星，永远悬挂在陶瓷历史的银河中，吟唱着天籁一般的永恒乐章！

此时湖田窑生产的器物类型和器物外形特征与以往有细小的变化。主要表现在胎体、足壁由厚变薄，由足部挖足不过肩到挖足过肩，圆器圈足内由足内无釉到足内多有釉；画法更加丰富，由勾、拓、涂染到勾线分水，分水既有浓与淡的区别，浓淡之间形成清晰的多级色阶；装饰题材丰富多彩，构图新颖多变，表现形式与技艺自由豪放，无拘无束，多取材于版画、小说插图和故事情节，用写意绘画的手法表达审美意趣。器物类型主要有盘、碟、方碟、碗、杯、高足杯、罐、器盖、器座、青花料照子、拍、权、砚、炉等。

也许是湖田窑的瓷业已临近尾期，本阶段的早期器物有的相对精致，但后期总体质量逐渐下降；早期描绘器物的构图趋于疏朗。后期的构图则简练、繁缛、抽象皆有，装饰手法有变化，如蓝地白花和白地蓝花；早期出现勾线分水画法，虽分水有浓与淡两个色阶，但浓淡渲染不够均匀清晰。后期双勾混水画法中的分水层次则较清晰，由前期的浓、淡二色阶过渡到两个色阶以上，并出现了一种以分水画法成形，再勾筋脉的"没骨画法",以及皴染山石的起伏,使之具有明暗变化自如且色阶丰富清晰,谓之皴染分水法,具有中国画构图和中国画写意之法的纹样开始出现并增多;早期题材多流行缠枝莲、菊瓣、折枝果、螺旋菊瓣、扁轮菊瓣、折枝莲、折枝牡丹、缠枝花、海水蕉叶、岁寒三友、山石、水草、宝杵、月华、海马、海螺、简笔海螺、海水奔马、蝴蝶、草书"福"字、梵文、重十字菱形、卷草、海水、龟背锦边饰等纹样。后期纹样有轻重粗细变化,笔触清晰,还出现缠枝牡丹捧杂宝、缠枝莲捧杂宝、湖石牡丹、蝴蝶花果、黄蜂花果、树石栏杆、杂宝、排点、嘉报双元、寿山福海、通景山水、鱼藻、垂钓图、江岸望山图、暮归图、草书"玉"字、草书"福"字、行书"寿"字等纹样,另有"大明年造"的年款等。其中缠枝牡丹、缠枝莲、缠枝牡丹杂宝、缠枝莲捧杂宝、折枝牡丹、折枝莲、折枝花、团花、菊瓣、月影梅、盆梅、螺旋花卉、桃、水草、花鸟、树石栏杆、排点、喜报双元、杂宝、乳虎、灵芝菌伞、寿山福海、盆景竹石、岁寒三友、草书"玉"字、草书"福"字等纹样属于湖田窑产品特有的纹饰。

每个时期的制瓷艺匠对于所描绘的纹饰都有自己的独到理解,这样就形成了瓷器在不同时期的独特风格。此时的纹饰特征,如折枝牡丹花叶、缠枝莲卷叶、岁寒三友中的梅花均呈舞蝶状,其中缠枝莲花头画成螺旋形,卷叶小;有的缠枝莲花瓣、卷叶形状如同西瓜子,细长得像飘动的彩带;出现白描画莲瓣,缠枝牡丹叶子形似鸭掌,花瓣边沿用连弧线描绘,瓣内勾筋线,似芙蓉、芍药画法;变形卷叶和写实小尖叶混用,锯齿边一类叶周围画成连弧线;岁寒三友中的竹子叶朝下;海水边饰中的波浪纹作二三层叠浪和击浪花状,有的呈三角形和串珠形击浪花状;海螺笔法绘制严谨,形象秀丽,有的周围是鳞次栉比的水波;缠枝牡丹杂宝中的祥云呈"壬"和"人"字形,较粗壮,杂宝中的伞盖画网格;花鸟纹有的抽象草率,有的抽象工整;海马纹描绘工整,周围点缀着海草、波浪及水体动物；鱼藻纹水中缀以白莲；水草纹具有中国写意画的画境；灵芝云纹内涵折枝花，灵芝菌伞纹呈椭圆如意状，顶部或两侧画竹叶四五片；松鹤图分立鹤与飞鹤两种，立鹤作展翅欲飞状，松针为椭圆形。

此时的日用粗瓷仍然使用砂垫烧造，中等以上的瓷器则使用瓷质垫饼托足仰烧，所以器物底足多施满釉，由于烧造方式优化，足底露胎或粘砂的现象逐渐减少，瓷器的成品率和外观质量比前期有所提高。青花发色灰青而沉滞，仅有少量青花靛青雅丽或色泽青翠欲滴。

湖田窑在这个时期采用葫芦形窑烧制瓷器，葫芦形窑前室较大且长，结构较前期简陋，窑砖较大，不如前期规范。窑底更加平坦，窑壁更加薄，常用废弃窑业垃圾护窑体外侧，显得比较粗糙，有种即将残败的迹象。使用漏斗形匣钵烧制器物，匣钵胎薄质粗，不利于上等质量的瓷器烧制。窑内火候控制相对较差，造成窑炉前段常常烧结，而窑尾往往生烧。

湖田窑此时烧造的瓷器只有青花瓷，其典型器物形式有：侈口盘、折沿盘、侈口碟、折沿碟、莲子碗、墩式碗、渣斗碗、玉璧底碗、馒头形底碗、竹节形高足杯、喇叭形高足杯、侈口杯、敞口杯、撇口杯、罐、罐盖、壶盖、砚台、灯盏、钵、权、拍、器座。

此时此刻，此情此景。湖田窑经历了六百多年的风风雨雨，沧桑巨变，好似一位智慧与豁达的老者，背负着一世的荣耀，艰难地移动着疲惫的脚步，笑谈后世的评说，静静地走向那属于自己的归属。

第五章　青白择中

一、说"青"

自古以来，长江流域的下游就是青山绿水，美丽富庶之地。吴越之域，勤劳之邦，人杰地灵，男才女貌，文人雅士，清新俊朗。江水长流，历尽惊涛骇浪，万源归一，驻留人间万物之精华，润物吴越大地，尽享天泽。就是在这样的自然天成的环境里，远古的陶炼早就烙下了古人的思绪与智慧。曾几何时，印纹硬陶和原始瓷的出现，阐释了新的意匠，传承与创造了火与土的世缘，青山绿水之间弥漫着新的陶歌与瓷曲。依稀记得文献记载，在长江下游的浙江、江苏、安徽、福建、台湾以及江西部分地区和湖南南部的广大地区，普遍使用印纹硬陶和原始瓷，特别是江、浙、赣一带，更为盛行。

在硬陶修坯过程中，人们精心打磨陶器的表面，渴望器物能光滑润泽，盛水不散。于是制陶者开始思考，多少辈苦思冥想而不得其解，直到有一天开窑之时，窑内有些陶器表面闪烁着隐隐约约的光泽，宛如池塘泥中隐现的珍珠，好生惊艳。这一重要的发现使窑工们顿觉诧异，是谁给这些陶器穿上了薄薄的蝉衣？如此的诱人。于是在黑黢黢的窑内燃灯观察，窑壁上偶尔闪现浅薄的光泽，犹如皮肤上的汗渍柔柔的光亮，这种草木灰形成的物质，给陶工们予陶穿衣的启示，薄薄的原始陶釉出现了。当硬陶裹上釉衣时，原始瓷悄然产生。

原始瓷的胎质细腻致密，瓷土经过粉碎和淘洗，烧成情况良好。江、浙、赣一带的原始瓷，胎呈灰白色。山西侯马、浙江绍兴富盛和萧山茅湾里出土的原始瓷碎片白中带灰。原始瓷用陶车拉坯成型，所以器壁厚薄均匀，器形规整。钵、碗、盘、盂的内底心开始有一圈圈细密的螺旋纹和外底有一道道切割的线痕。与西周时期的原始青瓷相比，坯泥的处理更精细了，烧制技术有了新的提高，原始瓷的成型由泥条盘筑法改变为轮制，使产品质量和生产效率都有很大的提高，而且坯件的外表都上一层薄薄的石灰釉。出窑后，多数釉呈青色或青中泛黄。釉层有的厚薄均匀，有的凝聚成芝麻点状。釉除黄褐、黄绿色外，尚有墨绿色等，但都属于以铁为主要着色剂的青釉体系。

除了器物制作技术的重要性外，窑炉的构造形式也十分关键。烧印纹硬陶和原始青瓷的窑炉，有圆窑和龙窑两种。从考古资料和发掘窑床所在的地形分析，绍兴富盛、萧山进化区和增城西瓜岭可能都已使用龙窑，从而证明我国使用龙窑已有 3000 多年的悠久历史。

原始瓷的生产与演变，在中国有一个漫长的发展过程。自商代到战国的 1000 多年中都在不间断地向前发展着，特别是春秋末到战国

▲ [北宋]·青白釉卷沿高足碗

▲ [北宋]·青白釉喇叭口折肩执壶

早中期的原始瓷器，胎质细腻，铁和钛的含量较低，外施青釉，已经接近瓷器。经过详细分析，绍兴富盛的原始青瓷与上虞县小仙坛的东汉青瓷片的化学组成几乎完全一致，说明它们用的坯料相同，随着制瓷技术的逐渐成熟，瓷器的产生便指日可待了。

正当原始瓷顺利过渡到瓷器的时候，楚越战争开始了，战争的结果是楚国灭掉了越国。奇怪的是，越地原先盛行的原始青瓷突然消失了，位于离越国都城较近的今绍兴县富盛和萧山县进化区的20多处陶瓷窑址，经过多次调查和对绍兴富盛长竹园窑址的试掘，在废品堆积层和龙窑窑床中均未发现战国晚期的陶瓷遗物，生产突然中断了。由此看来，原吴越地区发达的印纹硬陶和原始青瓷的突然消失，极有可能与楚灭越的兼并战争有关。

多少年以后，瓷器诞生了。同样是造物活动，国人把对玉的美好愿望和心中定格已久的"美"之认知，移情到瓷器的制作上。所以，在瓷器的烧制上力求釉面如玉，以释情怀！

其实，瓷是瓷，玉是玉。瓷玉如何交辉，如何相融？这是一种艺术的审美，一种意境，一种类比，一种难以达成的愿望！

可是，中国人做到了，陶瓷史上有这一说"南青北白"，意指南方的青瓷如青玉，北方的白瓷似白玉。在遥远的新石器时期，祖先们在石头中发现了美石，后来称为玉石，简称"玉"。由于其天然纹理，石质温润透闪，颜色丰富，坚硬耐用。所以其"美"就定格在人们心里，神秘而美丽。

江南的湖水美，是因为满湖春色，春的诱惑，是那么变化无常，低调含蓄，生机盎然的绿色。在浙江慈溪，有一个神奇而美丽的湖泊，称上林湖。古人曰："越州有湖，名上林，湖畔有窑，名越窑。"上林湖位于慈溪鸣鹤镇西栲栳山麓，湖畔群山环抱，山势峻峭，密布着上百座古窑遗址。越窑是我国浙江东部地区瓷窑的统称，也是我国烧瓷历史最早的瓷窑之一，是最著名的青瓷窑系。

▲ ［宋］·青瓷刻花碗

瓷器是我国陶瓷意匠们的重要发明之一，它出现于东汉时期，距今已有1800余年的历史。东汉晚期的瓷器已经具备瓷的各种条件和标准，把瓷器的发明定在这个时期是有一定依据的。浙江是我国瓷器的重要发源地和主要产区之一。早在东汉时，上虞、宁波、慈溪和永嘉等地就有制瓷作坊，成功地烧制出青瓷和黑瓷。六朝时，瓷业迅速发展，在今浙江北部、中部和东南部广大地区都有窑场，它们分别属于早期越窑、瓯窑、婺州窑和德清窑，并初步形成了各有特点的瓷业系统。其中以越窑发展最快，窑场分布最广，瓷器质量最高。

越窑地处江南的山清水秀之域，自然界中各种绿色是越窑瓷器釉色模仿的对象，是制瓷艺匠们对大自然的崇拜与敬畏，是田野般充满生机的生命之象，是一种独特的审美与理念，其青釉之青而闻名于世。

青色釉瓷器的出现，可谓是釉料配制的方法已能较好地控制。施釉的技术则已由刷釉而改为浸釉，使釉层厚而均匀，胎料和釉料配制得当，在高温下使胎釉的膨胀和冷却后收缩趋向一致，釉附着胎壁牢固，越窑不同类别的釉色瓷器制作技术初步成熟。

二、秘色千古

有一种瓷，当你看到它时，就宛如春风拂面，又好似在葱翠的山涧沐浴着清澈的泉水，它已不是人造之物，它是大自然中不可缺少精灵，是绿的代言、春的使者。这就是古越之谜，萦绕千秋，造化青瓷之巅的越窑秘色瓷。

"九秋风露越窑开，夺得千峰翠色来。好向中宵盛沆瀣，共嵇中散斗遗杯。"这是晚唐诗人陆龟蒙盛赞秘色瓷的传世七绝《秘色越器》诗，也是迄今发现对秘色瓷最早的文献记载。首句"越窑开"说明秘色瓷的诞生地为越窑，越窑是中国青瓷最重要的发源地和主要生产基地。东汉年间，这里从陶器到原始青瓷，后来又完成了从原始青瓷发展到青瓷的历史过渡，唱响了中国陶瓷，在陶瓷史上具有划时代的意义。这绿油油的大地战国时属越国，唐时改为越州，"越窑"因此而得名。越窑青瓷经过千锤百炼，晚唐、五代时达到鼎盛，北宋中期渐渐衰败。陆龟蒙所谓的"越窑"则主要是以今天的浙江余姚上林湖为中心的上虞、宁波等地，此范围中已发现古窑址近 200 处，是唐、五代越窑青瓷的中心产区和贡窑所在地。

　　在五代时越窑瓷器被称为"秘色瓷"。这称呼的由来据宋时人的解释是因为吴越国王钱镠割据政权命令越窑烧造供奉之器，庶民不得使用，且釉药配方、制作工艺保密。根据"色"字解释，"色"除了"颜色"一解外，尚可解为"配方"。"秘色"的"秘"意思是"机密""保密"，"色"

▲　[唐]·海棠花口秘色瓷盘

的意思是"药粉配方""釉料配方",故所谓"秘色"即"保密的釉料配方"之意。所以,"秘色瓷"就是釉料配方保密的瓷器,故称"秘色"瓷。清时人评论"其色似越器,而清亮过之"。在吴越国都城杭州和钱氏故乡临安县先后发掘了钱氏家族和重臣的墓七座,其中有杭州市郊玉皇山麓钱氏墓,杭州施家山钱元瓘次妃吴汉月墓,临安县功臣山钱元玩墓等,出土了一批具有代表性的秘色窑瓷器。

1987年4月,位于陕西省扶风县的法门寺正在进行一项古代佛塔的修复施工。当忙碌的工作人员在清理塔基时,意外发现了唐代佛塔地宫。在随后的考古发掘工作中,从地宫中出土了十四件精美的瓷器。据地宫出土的《物账碑》记载:唐懿宗"恩赐……瓷秘色椀(碗)七口,内二口银棱,瓷秘色盘子、叠(碟)子共六枚"。经专家核实考证,它们居然就是消失世间千百年来世人苦苦寻觅的秘色瓷!

法门寺唐塔地宫出土的这批秘色瓷,器形极度规整,造型简洁明快,釉色青绿葱莹(其中有十二件),晶莹润泽。共有碗七件,其中两件为鎏金银棱平脱雀鸟团花纹秘色瓷碗,还有盘、碟共六件及瓶一件。釉面光滑明快,釉层均匀,釉质莹润,给人以高雅柔和、素洁明快的感觉。最感人肺腑的惊叹是:巧妙的凹底器形设计,在光线照射下,碟内明澈清亮,如雨后的春草,似盛满的碧波在荡漾,呈现出秘色瓷"无中生水"的视觉奇观,令人叹为观止!类似效果的秘色瓷还有:五瓣葵口小凹底秘色瓷盘、五瓣葵口大凹底秘色瓷盘、五瓣葵口浅凹底秘色瓷盘和五瓣葵口凹底深腹秘色瓷碟等。其他的秘色瓷器隐约也有水感,但相对较弱。通过细致的观察对比,发现"无中生水"的秘色瓷有一个共同特点,即器底部均为"凹底"。所谓"凹底"是相对于瓷器底部而言,由瓷器底部外侧向内侧凹进而出现一个窝状。相应地从瓷器口处观看,瓷器底部形成一个微小的弧面。五代诗人徐夤曾对秘色瓷有过这样的描绘:"巧剜明月染春水,轻旋薄冰盛绿云。"这是迄今为止唯一能与文献《物账碑》相互印证的确切秘色瓷，具体说明了这批秘色瓷的来源、件数以及唐人对其称谓。

八棱净水秘色瓷瓶出于地宫中室内，稀罕之物，其造型极为少见，端庄规整，有宗教特质的神秘之感。釉色晶莹，胎质细密。瓶颈细长、直口、圆唇、肩部圆隆，腹呈瓣瓜棱形，圈足稍外侈。在瓶颈与瓶身相接处装饰有相应的八角凸棱纹三圈，类似弦纹，呈阶梯状。通体施明亮青釉，有开片。足底露胎，胎色浅灰而精致细密。在发掘时，瓶口覆有一颗大宝珠，瓶内装有二十九颗五色宝珠，可谓宝中之宝。遗憾的是这么精致的瓷瓶在《物账碑》中竟没有记载。后经专家鉴定，瓷瓶的釉色、胎质与其他秘色瓷完全相同，应该属于秘色瓷。再从佛教的仪规看，此瓶出土时内有宝珠，应属于佛教的供养器"五贤瓶""五宝瓶"之类。用它盛上五宝、五药等以消除烦恼、去除尘垢，系为佛家宝物。《物账碑》不知何故当时没有记载，成为"瓷秘色"账上之"遗漏之物"。

唐代的金银器在历史上有极其尊贵的地位，代表了那个时期最极致的工艺技术。地宫中出土的秘色瓷，12件为素面青釉秘色瓷器，只有两件为样式、纹饰相同的鎏金银棱平脱雀鸟团花纹秘色瓷碗。这样把两种精致完美的工艺结合在一起，可谓锦上添花，绝世尤物。其中一件碗口沿为五瓣葵口，碗身斜腹，高圈足。碗内壁施青黄釉，釉质滋润，开片细碎。碗外壁髹深蓝色漆，并有平脱雀鸟团花五朵，纹饰鎏金。两碗口、底沿均包有银棱。

碗外壁的雀鸟团花纹饰纤细繁缛，刻划精细入微，外观雍容华美，富丽堂皇。其中，每朵团花上的雀鸟比翼双飞，富于自然情趣，本是春意盎然的秘色瓷又添花香鸟语的景象。其图案设计大气饱满，寓意祥和，工艺酷似今天的窗花剪纸技艺。虽是平面设计，却在碗壁的曲线映衬下巧妙而富于变化，显得动感十足，有呼之欲出的立体感。像这种以花卉雀鸟为题材的装饰图案在盛唐十分流行，大多比喻夫妇美满幸福之意。

这种金银装饰瓷器的工艺做法是：先按照设计要求镂刻出雀鸟团花纹银箔纹样并鎏金，再把此纹样粘贴在黄釉秘色瓷碗的外壁上，髹漆盖住纹样。最后，研磨"推光"直到雀鸟团花纹样显露出来并与碗壁黑漆厚度平齐而融为一体时，即为"金银平脱"。据《酉阳杂俎》记载：唐玄宗和杨贵妃赐给安禄山的就有金平脱犀头匙筋、金银平脱隔馄饨盘、平脱着叠（碟）子及金平脱装（妆）具玉合（盒），金平脱铁面椀（碗）等物品。又有《唐氏肆考》记载：唐末前蜀王王建，报送"朱梁"（后梁太祖朱全忠）的信物中就有金棱碗。王建在信中说："金棱含宝碗之光，秘色抱青瓷之响。"这就证明金银平脱在唐代极为盛行，并且在五代已有用金银装饰秘色瓷的工艺了。日本正仓院收藏有我国唐代的金银平脱铜镜、木琴、皮箱等，但就是没有金银平脱瓷器。

所以这两件出土的鎏金银棱平脱雀鸟团花纹秘色瓷碗就显得弥足珍贵了。它们独具匠心，完美地将"金银平脱"装饰在如冰似玉的秘色瓷上，是陶瓷史上一次重大的装饰工艺创新，在我国乃至世界考古发掘中尚属首次发现。

法门寺出土的这批秘色瓷从造型、胎釉特征和装坯方法上，都表明应是产于浙江余姚上林湖一带的越窑。并且，这一地区也有类似的瓷片出土。这批秘色瓷应是上林湖生产的青瓷精品，当时作为贡瓷呈献给唐代宫廷，再由唐懿宗供奉给"佛骨舍利"，密封于法门寺佛塔地宫。

秘色瓷之所以被抬到一个神秘的地位，主要是技术上难度极高。青瓷的釉色如何，除了釉料配方，几乎全靠窑炉火候的把握。不同的火候、气氛，釉色可以相去甚远。要想使釉色青翠、匀净，而且稳定地烧出同样的釉色，那种高难技术一定是秘不示人的。秘色瓷在晚唐时期烧制成功，不久之后，五代吴越国王钱氏就把烧造秘色瓷的窑口划归官办，命它专烧贡瓷，的确是"臣庶不得使用"，它当然远离百姓，高高在上了。至于它的名称，是青瓷而不言青，也不像宋代那样，取些豆青、梅子青一类形象的名称，却用了一个"秘"字，着实逗弄得后人纠结了1000多年。仔细想想，这个"秘"字又包含了多少实与虚的内容？如此极富深意的名称，恐怕只有唐代人才懂得其深意吧，给后世留下了千年之谜、万世之文章。

三、越青唤醒中原白

从三国到南北朝的360余年中，除西晋得到短暂的统一外，我国的北方和南方长期陷于分裂和对峙的局面。在这期间，长江流域下游江南广大地区战乱较少，社会相对安定，而黄河流域一带自西晋末年以来战祸频繁，使社会经济遭到严重的破坏，民不聊生。在东汉末年、西晋永嘉之乱到北朝的几次大的军阀和地方割据政权的混战中，中原广大民众和一些士族地主大批渡江南下，寻找安身立命之地，江南人口激增。三国时，孙权又派大军围攻山越，迫使大批山越百姓出山定居，增加了大量劳动人力。人们垦荒治田，围湖修堤，开辟山林，江南经济获得了迅速的发展。时有"荆城跨南土之富，扬部有全吴之沃，……丝、棉、布、帛之饶，覆衣天下"之说。随着人口的增加，经济的繁荣，出现了建康、京口、山阴、寿春、襄阳、江陵、成都、番禺等重要城市。建康（今江苏南京市）是六朝的政治、文化和商业的中心，山阴（今浙江绍兴市）为豪门士族聚居之处，是江南比较富饶的地区。吴国孙权为了加强建业（三国时南京称建业）与三吴的交通，曾开凿破岗渎联结运河，赤乌八年凿成"以通吴会船舰"，沿途"通会市，作邸阁"。社会经济的发展，交通发达，商业繁荣和重要都市的建立，为瓷器等手工业生产的发展创造了有力的条件，东汉晚期出现的新兴的制瓷工业，迅速地成长起来。迄今在江苏、浙江、江西、福建、湖南、四川等江南的大部分地区都发现了这时期的瓷窑遗址，江南的瓷器生产呈现了遍地开花的局面，为唐代瓷业的大发展奠定了坚实的基础。唐代闻名的越窑、婺州窑、洪州窑等都已经在这以前或在这时期创立，并进行大量的生产。

中原大地及长江流域的土地肥沃，物产丰富，文化先进，是各方民族垂涎之地，历史上饱受外族入侵与自相争的杀虐，使中国自身发展进程屡屡受阻。4世纪末，居住在塞外的鲜卑拓跋部逐步强盛起来，他们联结汉族士族集团，率兵南下，统一了黄河流域，建立起北魏政权。战乱后的平静修复，使得中原的社会经济有了一定的恢复和发展。中原的陶瓷手工业在南方制瓷工艺的影响下，先烧制成功了青瓷，以后进一步地发展了黑瓷和白瓷。白瓷的出现，是我国陶瓷史上又一重大成就，为中华瓷业的大发展作出了巨大贡献。

三国、两晋、南北朝是江南瓷业获得迅速发展壮大的时期。东起东南沿海的江、浙、闽、赣，西达长江中上游的两湖、四川都相继设立瓷窑，分别烧造着具有地方特色的瓷器，形成了长江流域巨大的青瓷系，并影响中原黄河流域的瓷业，江南越窑对中国陶瓷史的贡献之大可想而知。

四、知"白"

釉，是辨识瓷器的首要依据，是分清瓷器类别、窑口的重要特征。江西景德镇及周边许多窑口的制瓷艺匠们，在五代、北宋时期就一直苦苦探索，除了制瓷技术、器物形制、烧造工艺、材料配方和艺术表现的方法以外，对瓷器的釉色特点极为关注。在这个时期，景德镇及周边窑口生产的白釉瓷器都处在对北方白釉瓷器的模仿，当时北方定窑的白釉是以米黄般的象牙白为美。所以，模仿的结果是白釉颜色偏黄，而且是灰黄，这是无法与定窑白釉相比拟的。

景德镇的制瓷史上都是用釉石配以釉灰，所谓釉石也就是一种瓷石，在自然风化过程中受损较少，云母和长石等矿物含量比用于制胎的祁门瓷石要高，以石灰石与草木灰配制形成釉灰。其实，湖田窑青瓷和青白瓷与角山原始瓷釉、洪州窑青瓷釉依然存在着材料基因的相同之处。其五代青瓷和宋、元、明青白瓷釉中的 CaO 含量都很高，可以看出主要是以 CaO（氧化钙）作为熔剂，即是钙釉。到了元代，青白瓷釉中的 Na_2O（氧化钠）的含量有了较大的提高，这是 Na_2O 和 CaO 共同起溶剂作用了，即称为钙碱釉，是配方中釉石含量增高所造成的。湖田窑的宋元青白釉由于有较高 CaO 的含量，于是其釉有一种透明玻璃般的感觉，其色调偏青则是由于 Fe 离子的着色效应，也正是这个"青"才使得湖田窑的青白瓷幻化得如此美妙。

自古以来，中国人对玉情有独钟，尚玉之风从新石器时期就开始了，在我国自古就有"君子于玉比德"的传统，所以"古之君子必佩玉"，"君子无故，玉不去身"（《礼记玉藻》），佩玉成了君子有德的象征。

《礼记聘义》中记载了孔子的一段话："昔者君子比德于玉焉。温润而泽，仁也。

▲ [元]·白釉突戟觚·中国陶瓷博物馆藏

慎密以栗，知也。廉而不刿，义也。垂之如坠，礼也。叩之其声，清越以长，其终诎然，乐也。瑕不掩瑜，瑜不掩瑕，忠也。孚尹旁达，信也。气如白虹，天也。精神见于山川，地也。圭璋特达，德也。天下莫不贵者，道也。"

正是由于这样的审美情结，江西景德镇湖田窑的制瓷艺匠们首先悟出瓷与玉的内涵，突破原有的思维方式，在景德镇及周边所有的窑口中，异军突起，找到了湖田窑的白釉瓷的定位，于北宋中期发明了白釉瓷的釉色，即青白釉瓷。

大宋帝国在中国历史上的辉煌是绝无仅有的，无论是经济、文化、军事和艺术都达到空前的繁荣。由于上至皇帝、下至庶民的参与，宋朝的文化和艺术的发展，更是璀璨耀眼。宋人对玉的崇拜，直接转化成对事物审美的情结与标准，所以在大宋疆域的范围内，瓷器生产的釉色往往以玉色、玉质为审美标准。当然，玉瓷之美不是所有窑口都能做得到的，所以玉一般的瓷是梦，是珍贵！

也许是上天对湖田窑的眷顾，宋朝北方的定窑之白已深入王公贵族、黎民百姓；而南方的龙泉窑之青翠犹如甘泉已沁入人心。湖田窑的艺匠们则用青白釉色定义自己的产品特征，确实是智慧之举。由于青白釉瓷巧妙地融入了北方之白和南方之青，所以它的釉色介于青白两色之间，宛如白云沉浮于青绿的湖面，水中有云，云中有水，云水交融，惊世绝美，惹得文人雅士们给青白瓷起了一个极赋诗意的名称"影青"。瓷器自诞生之初就由青瓷独领风骚，千年之后，白瓷从青瓷之中脱胎出来，首次表达了古人对于"纯净"的追求，而青白瓷的产生正是在这种纯净之中加入了一抹清凉。如果说北方的巩县窑、邢窑、定窑的白釉瓷似白玉，南方的越窑、龙泉窑的青瓷为翠玉，那么湖田窑的青白瓷无疑就是青白玉，景德镇湖田窑无论从美和质上都成为青白瓷的集大成者。

在绘画艺术中，白颜色的使用是极为重要的，一幅绘画作品的完成离不开白色。画面的明度、彩度、色调、颜料调合等，都需要白色的介入，必不可少。艺术家对白色的运用与控制能力，决定了其绘画作品能否成功，是艺术家具体的审美修养、微妙感受、艺术品质与天赋的综合体现。

白色的变化极其微妙，以色彩学分析，白色有钛白、氧化锌、锌钡白等。从色相上看，白色也有细微变化，有的如冬天雪花般的凝厚之白；有的如同白纸一样的炽白；有的像和田白玉一样的羊脂之白；有的又似象牙一般的米黄之白。以白的性格特征分类，前两种是白得凌厉直率，后两种是白得温润含蓄。以白的审美特质分析，前两种白得淡然无味，后两种白得趣意怡然。

如果说北方定窑选择了象牙一般的米黄色白釉，那么可以说景德镇湖田窑选择的是宛如白玉一样的似透非透，又兼具雪花般冷艳之白釉。在宋朝，湖田窑的青白瓷就有"假玉器"之称，用"冰清玉洁"来形容是再恰当不过了。宋代词人李清照的《醉花阴》中有这样的诗句"玉枕纱厨，半夜凉初透……"其中的"玉枕"便是对青白瓷枕色质如玉的描写。

湖田窑青白瓷从五代时期诞生的那一刻起，就已经注定了它的历史作用。发展到了南宋初期，青白瓷的烧制质量与方法已经自成体系，品质优良，并一改唐宋以来的制瓷理念和审美方式。历经元代湖田窑生产的乳浊白釉及明代早期的甜白釉，为明清时期中国瓷器的辉煌打下坚实的基础，重构了中国瓷器审美的新境界。

其实，翻开中国的陶瓷史，或者走进国内各大博物馆，我们不难发现有一个实际问题。无论是陶瓷史中的描述，还是博物馆内古陶瓷的陈列展示，宋代景德镇湖田窑的记载与陈列都没有真实而客观地反映出其历史价值和艺术价值，往往只是作为宋代陶瓷的一个普通民窑而一笔带过，其历史与经济地位远远低于同时代的汝、官、哥、钧、定五大名窑，甚至低于其他同期的代表性民窑，如磁州窑、耀州窑、龙泉窑、建窑、吉州窑等。如果说宋代的五大名窑曾经是王侯将相所用，存世量少而显尊贵，谁又能完全断定湖田窑的产品皇宫就没有定制过？湖田窑的创新与承上启下，并影响中国陶瓷历史发展方向而起了巨大作用，岂是宋代其他民窑所能替代？我们知道，在宋代生产青白瓷的窑口众多，而且是当时出口创汇的一个重要的瓷器品种，在江西、湖北、福建、四川、云南、安徽等地都有生产，在中国形成了一个庞大的青白瓷生产窑系，存世量巨大且丰富多样。尽管窑系庞大，但真正能代表青白瓷的精良与艺术价值只有湖田窑，就如同北方的定窑系庞大，而真正能代表定窑艺术成就的，唯有河北曲阳县涧磁村的定窑。所以，景德镇湖田窑烧制的青白瓷不能等同于其他窑口生产的青白瓷，需要以对历史负责任的态度，还湖田窑一个真实的历史地位。

引用《历代名窑诗谱》的一首诗，表达对湖田窑制瓷艺匠们的崇敬，以及对湖田窑青白瓷意境的赞美："清照惊梦枕似玉，湖田假玉媲和田。冰清玉洁瓷薄翼，半透幽光回眸甜。"

青白瓷是宋代以景德镇湖田窑为代表烧制成的一种具有独特风格的瓷器，制瓷艺匠们以智慧与前瞻的眼光选择了青白择中的白釉，其巧玉般的玲珑，在宋元两代成为瓷中精品受人喜爱并非偶然，色泽悦目可能是最主要的原因，青白瓷釉质清澈透明，又不失玉质感，积釉处晶莹如一湾湖水，在当时被赞为"假玉器"，可见其精美绝伦竟可与玉器相媲美。中国陶瓷历史的发展，在经过了放浪不羁的魏晋风尚、豪放包容的盛唐气象，终于轮到青白瓷来代言宋代的婉约与优雅。

第六章　卵白浊

　　瓷器表面的釉质有两种类型：一是清透，二是乳浊。清透之釉出现在前，乳浊之釉出现在后。前者轻盈亮丽，后者温润似玉。制瓷技术与艺术特征的发展，是由初级向高级逐渐进步，最终走向完美。湖田窑发展至元代时，制瓷的技术与材料发生了历史性的转折，其中青白釉转化成卵白釉就是中国陶瓷史上最为重要的转折之一，为中国瓷器的发展与辉煌夯实了基础。

一、元代湖田

　　元代的湖田窑业基本上在宋代的原址上进行生产的，同时也存在着向周边拓展，并有逐步向中西部的望石坞、琵琶山一带以及南河南北两岸的发展趋势。通过目前发掘的资料显示，规模最大的、最完整的元代制瓷作坊遗迹群，虽然主要还是分布在湖田窑的中心区域内，但是调查和勘探表明，南河南北两岸已成为元代新的窑业重点区域。在此区域，元代的窑炉多有发现，其中可以确定的有龙窑、瓢形窑等。从残留的遗迹平面基础分析，作坊分布也较密集，且规模宏大，在2001—2003年之间，居然新

▲ [明·正德]·青花八思巴文款龙纹碗

▲ [北宋]·青花八思巴文款龙纹碗碗底

发现有码头遗迹和瓷器集市交易场所遗迹。依据早先的调查记载，窑址中西部的龙头山、刘家坞、望石坞、琵琶山一带还是生产元代卵白釉、黑釉、青花瓷器的重要场所。

元代的作坊遗迹多有发现，由此可推断出当时湖田窑生产的兴旺状况，作坊成片分布，大量使用相同规格的小砖砌建，还广泛采用支圈底或盖围砌墙体、路面，偶用红砂岩石条砌墙。作坊内材料使用规范，制作工艺流程清晰，章法有序。

淘洗池共清理出三处，均为元代。长方形池子为砖砌，长度 1.3 米，残留宽度 90 厘米，残留深度 52 厘米。池底部采用二横二纵方式相间排列用砖铺就；池壁则用青砖错缝平铺垒砌而成。砖的形制与现在的砖几乎一致，长度 24—26 厘米，宽度 12 厘米，厚度 6 厘米。池内主要堆积物为白中偏红褐色瓷土，内杂少量卵白釉、黑釉及青白釉盘、碗等瓷片。

元代练泥池清理出三处，池口呈圆形，口径 96 厘米，池深 38 厘米，周边用带有窑汗而废弃的残砖环绕围砌。砖残长 15 厘米，宽度 13 厘米，厚度 5 厘米。池壁用砖层层叠砌，池底部为生土层，略凹下，未见底砖。池内填土较黏结，呈红黄色，池底有一种白色的稠状沉积物，有较残破的青白釉盘、碗等。

有三处元代的陈腐池，池子呈长方形。长度 2.2 米，宽度 1.4 米，深度 42 厘米。池底用土铺垫平整，未见铺垫物，池壁用饼状匣钵盖或桶形匣钵平铺垒砌或竖砌而成。池内堆积分为二层，第一层为厚约 2—3 厘米的红烧土堆积，内含少量黑釉盏、窑具和象棋子；第二层为黄色砂土堆积，呈胶泥状，内含元代典型的折腰碗及黑釉盏等。

练泥、蓄泥和拉坯作坊有五处，均为元代作坊。其为一组长方形半包围形遗迹组合，外围残存两道匣钵墙，匣钵墙相互垂直，叠砌而成。组合之中，还有相对独立的几个遗迹功能区，共同构成了一个作坊区。

1.半包围匣钵墙

两道匣钵墙相互垂直，墙的南北长度 1 米有余，宽度 60 厘米；墙的东西长度 5.5 米，宽度 50 厘米，残高 25—35 厘米，为平地起建方式砌成。

2.匣钵墙内作坊

作坊可分为相互依存的三个区间，三区间遗迹呈倒"品"字形结构，西部两个区间，东部一个区间，三个区间建筑共用一墙。

拉坯，亦称利坯的元代作坊一处。墙体组成的建筑区间，为一组由支圈底、盖及少量青石叠砌而成。在这组建筑区间内，由匣钵墙将其划分为两个相对独立的小区间。主体建筑为南北向的匣钵墙，全长9.1米，宽度70—95厘米，残高75厘米。采用饼状支圈底、盖叠砌而成，局部掺杂青砖、片石加固，结构紧密。区间内有一处排水暗沟设施，还残存一处辘轳车基座。

排水暗沟基本呈东西向，略呈弧形，长度4.7米，用青砖铺底，两边沟壁用青砖铺砌，以支圈底、盖铺顶。分析其砌建的大致过程：首先在平整好的地面上铺砌一层青砖，砖的形制与普通砖不同，砖长26厘米，宽度13厘米，厚度近5厘米；然后在其上左右两侧各立一块青砖，砖外围用碎砖和零星的碎匣予以固实，并用土填充拍实，最后在顶部用饼状匣钵盖相叠砌形成沟顶盖，一条完整的排水暗沟便这样建成了。

西南角有辘轳车基座，其操作台台面残长1.6米，宽度68厘米。以一件较大匣钵为中心，周围用砖和饼状匣钵盖平铺围砌，形成一个相对独立的区间。另外还发现元代十四处辘轳车基座，为一圆形洞状建筑遗迹，洞口用匣钵围砌一周。洞口外径80厘米，内径60厘米，洞的深度34厘米。圆底部，内用红烧土铺垫。洞内主要堆积物为白中偏红的瓷土，伴之而出是少量的元代青白釉、卵白釉和黑釉瓷片。

在湖田窑制瓷的遗址区内，还发现了七处元代的釉缸。圆形的坑口，内直径92厘米，由长宽各7厘米，厚度4.5厘米的青砖围砌而成，往下收分，直至距坑口20厘米处，以下弧壁圆底。内置一釉陶缸，缸口径70

厘米，高度70厘米。敛口，弧腹圆底。坑深90厘米，坑口距地表25厘米。填土为深黑色，潮湿，黏性大，较纯净。散落其间的均为瓷器，大多数为青白釉器，仅见一黄黑釉碗。器物类型主要有盘、碗、盏托、枕、粉盒及小口八棱瓶等。

二、枢府进御

20世纪60年代中后期至70年代，北京元大都遗址陆续出土了一些带有"枢府"二字款的枢府瓷，于是发掘者在发表的报告里将这类瓷器称为"枢府瓷"，将这类瓷器的釉色称为"枢府釉"，并把常见的一类折腰碗称为"枢府碗"。"枢府釉"瓷才开始被世人所认识。

清代嘉庆年间蓝浦所著《景德镇陶录》一书中记载了"枢府窑"之名，该书卷五"景德镇历代窑考"记载："枢府窑，元之进御器，民所供烧者。有命则陶，土必细白埴腻，质尚薄。式多小足印花，亦有戗金、五色花者。其大足器则莹素。又有高足碗，薄唇弄弦等碟，马蹄盘、耍角盂等各式，器内皆作'枢府'字号。当时

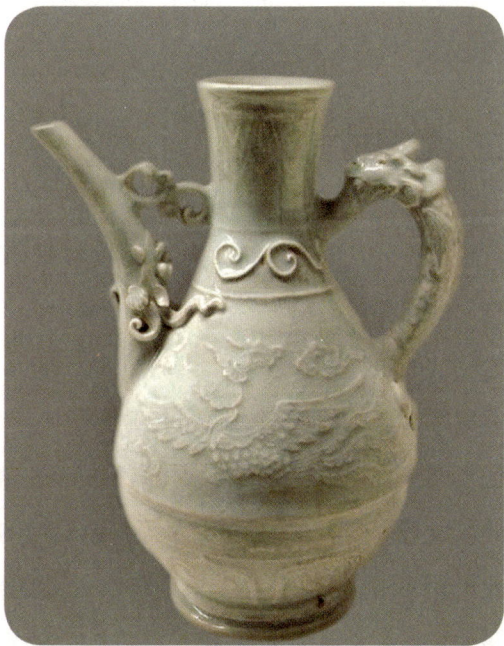

▲ [元]·白釉龙柄凤纹壶

民亦仿造，然所贡者，俱千中选十，百中选一，非民器可逮。"

从蓝浦的这段记载，我们知道"枢府窑"是元代专门为朝廷烧造"进御器"的官窑。样式大多是小足印花瓷器，也有戗金、五色花等装饰，还有素面的大足器形，所有"枢府窑"出产的瓷器在器内都印有"枢府"铭款。当时民窑亦仿造，但没有印制"枢府"铭款，质量远不如官窑产品。

其实，在蓝浦提出"枢府窑"名称之前，明初人曹昭著作的《格古要论》一书已经记载了元代枢府瓷的一些情况，该书"古窑器论"中曰："古饶器，出今江西饶州府浮梁县。御土窑者，体薄而润最好、有素折腰样。毛口者体虽薄（一作厚）色白且润尤佳，其价低于定器。元朝烧小足印花者，内有'枢府'字者高。新烧大足素者欠润。有青色及五色花者，且俗甚。今烧此器，好者色白如莹，最高。又有青黑色戗金者，多是酒壶酒盏，甚可爱。"

三、御窑由来

由于元代文献中有关于元王朝在景德镇设立掌管瓷器烧造的官府机构，即"浮梁磁局"的记载，枢府瓷上的"枢府"又是中央军事机关"枢密院"的简称，"枢密院，秩从一品，掌天下兵甲机密之务。凡宫禁宿卫、边庭军翼、征讨戍守、简阅差遣、举功转官、节制调度，无不由之。"人们也就一直把枢府瓷当作元代官窑瓷器来看待。后来，在枢府釉瓷器上又陆续发现了"太禧""东卫"等官府机构的铭款，再加上文献记载元代禁止民间使用有双角五爪龙纹饰和戗金装饰的瓷器，更加深了人们对枢府瓷是元代官窑瓷器的认识。

目前，随着各地出土的元代枢府瓷不断增多，人们又满怀疑惑地发现了很多不带官府机构铭款的枢府釉瓷器，在有的民间墓葬和一般窖藏中也出土了带"双角五爪龙"和戗金装饰的枢府釉瓷器，即使带"枢府"款的瓷器上也发现了墨书使用者的姓名或商铺名号的情况。于是，人们又开始怀疑枢府窑的官窑性质，对枢府窑瓷器的生产性质问题提出了各种各样的新见解。

其实，元代是一个很特别的朝代，由于实行残酷的匠籍制度，在元代所有的手工业都是官营手工业，所以既没有狭义的官窑，也没有民窑，一切瓷器生产都是在官府的控制之下。枢府窑是官窑，但不是专烧朝廷用瓷的御窑，这个官窑是广义的官窑，其含义是自古就有的官营手工业的意思。

所谓"匠籍制度"是蒙元时代特有的一种奴役手工业工人的制度。其主要内容是：工匠有特殊的户籍，即匠籍，工匠必须为官府工作，原料和产品均由官府支配，其少量的生活费用由官府供给，其手艺必须世代相传，其职业不得任意更改。这样，只要被括入匠籍，就丧失了人身自由，长期甚至终生被鸠聚在官营手工业作坊或工场内工作，其身份等同于国家工奴。

四、汉蒙瓷意

《元典章》中有这样的记载，蒙古贵族虽把瓷器视为"无用的东西"，但由于这些无用的东西可以通过海外贸易替他们换取珠翠香药等"中用的物件"。于是元王朝就在全国许多因宋元战争而荒废的瓷器产地兴办官营窑业，生产瓷器牟利。元朝的瓷器，有一个特别的现象，就是全国各窑场生产的瓷器在造型和装饰风格上出现罕见的趋同性，许多窑场如江

▲ [元]·枢府釉盘

西景德镇窑、福建德化窑、杭州老虎洞窑、浙江龙泉窑、广西柳城窑的瓷器上都发现了相同的八思巴文，各地元瓷都见刻印或书写的"福""禄""寿""禧""福禄""福寿""长命富贵""金玉满堂""吉""吉利""吉昌"等吉祥语的款识；而且各地瓷器都质量下降，呈现胎骨粗厚、釉面粗糙的现象。这些现象说明元代瓷器生产应该都是由官府统一管理生产的。柳城窑青瓷碟上被强行印制八思巴文，且全州永岁窑艺匠们在印模上故意把延祐年号的"延"字反刻的现象，由此可以看到元政权对窑业的严格控制及干预，且窑工们对立情绪的存在。

元代瓷器有一个很奇怪的现象，产品质量两极分化特别严重，就是其产品"精者愈精，粗者愈粗"。在生产朝廷定烧瓷器时，由于督办很严，便生产出了质量奇高的瓷器；同时，由于制瓷工匠的工奴地位，造成了工匠的生产积极性很低，甚至还存在对立情绪。因此，在官府督办松懈时，产品质量一落千丈。元代瓷器还有一个现象就是器形单一，装饰图案缺少变化与灵性。这是因为官营手工业产品的形制和装饰都有统一的式样，再加上工匠的地位决定了他们的工作只需按步就班，失去产品创新的积极性。

五、解读枢府

枢府瓷器是以印花的碗、盘、高足杯等小件器皿为主，器形单一，印花题材简单，常见模印缠枝莲花、菊花、牡丹和云龙、飞凤、芦雁，不少带有"枢府""福禄"等官府名称和吉祥语的模印文字。其胎体厚重，釉呈失透状，色白微青，似鹅蛋色泽，故称卵白。卵白釉与青白釉的主要区别是含钙量低约为5%，钾、钠成分增多，黏度大，没有青白釉的流动性好和透明度高。器物特征是圈足小，足壁厚，削足规整，足内无釉，底心有乳丁状突起，采用铺沙渣，既高岭土和谷壳灰的混合物做的垫饼仰烧方法，在底足无釉处，呈现铁质红褐色小斑点，且在足边沿粘有沙渣。

元代卵白釉与宋元青白釉的关系是一种系列演变的关系，即元代卵白釉从属于宋元青白釉，元代卵白釉是在宋元青白釉的基础上演变的。宋元青白釉瓷从北宋到元代本来就不是一种釉色，北宋大部分是米黄色，南宋是水青色，即影青釉，元代是卵白色，釉质乳浊化。釉质的变化充分说明了枢府釉在景德镇白釉发展过程中的重要作用及承上启下的意义。至于"枢府瓷"与"卵白瓷"的关系，更不是等同的关系，可以说元代青白瓷可以等同枢府瓷中的一部分，"卵白瓷"只不过是枢府瓷的一种特殊釉质釉色而已。也就是说，元代枢府瓷中的"卵白瓷"釉质釉色本质上是不能等同于景德镇宋元以来的青白釉。

元王朝最初在景德镇设立"浮梁磁局"的一个很重要目的，是为朝廷生产祭祀用的各种礼器。《元史·祭祀一》记载："元之五礼，皆以国俗行之，惟祭祀稍稽诸古。""元兴朔漠，代有拜天之礼。衣冠尚质，祭器尚纯。"元王朝建立后的整套朝仪、祭祀制度都是由归附的汉族儒臣根据先秦、两汉的礼仪制度制定的，他们根据《礼记·郊特牲》"郊之祭也，器用陶匏"的规定，认为祭祀礼器用陶瓷制作方合古意。明代的礼仪制度承袭元代，《大明会典》对祭祀用瓷有更明确的记载："洪武二年定，祭器皆用瓷。洪武九年定，四郊各陵瓷器，圜丘青色，方丘黄色，日坛赤色，月坛白色，行江西饶州府，如式烧造解。"又由于元王朝崇佛信佛，拜藏传佛教喇嘛教的领袖八思巴为国师，所以元代祭祀礼器不但多用陶瓷器，而且这些陶瓷礼器无论从造型到装饰都有很深的喇嘛教文化的烙印。

总之，按照蓝浦《景德镇陶录》关于"枢府窑"的记载，枢府瓷不仅仅是"色白"的小足印花瓷器，还包括大足素面瓷器、五彩戗金瓷器。随着各地出土元代枢府瓷的不断增多，学术界开始将枢府瓷由过去单一卵白釉瓷的观点修正为元代景德镇窑生产的一切白釉瓷，这种白釉瓷不分青白釉还是卵白釉，也不管它是正烧的釉口瓷还是覆烧的芒口瓷。甚至将元代加彩加青花的白釉瓷也开始纳入了枢府瓷的范畴。这就大大丰富了元代枢府瓷的内容，拓宽了枢府瓷的研究领域，对人们重新认识元代枢府瓷也提出了许许多多的新课题，拓展了新的前景。《历代名窑诗谱》里有一首诗，精准而美妙地对元代湖田窑的瓷器特征作了一个全面的总结："白釉乳浊化千秋，仅次定器耀南北。枢府定格瓷都官，蒙承瓷意八思巴。"

第七章　白釉塑瓷都

一、景白誉江南

　　色彩学中，白色是万彩之底。所有的色彩都是以白色为基础而具体呈现的，赤、橙、黄、绿、青、蓝、紫七彩之色，因白色为底而尽显各自特征，相互之间无法僭越。透明纯净是无色，而白色是所有颜色中最单纯、最安静、最中和、最无倾向性，其包容性及谦和性的品质，成就了世上林林总总的彩色。所以中国画的宣纸是白色；水彩画的纸是白色；油画的画布同样也是白色。

　　表现与美化瓷器用釉色，其发展的过程是由单一性向多样性进行转变，釉中之色也是由简单的色彩向复杂的色彩进行变化。白色釉的发明，是制瓷艺匠对自然万象的观察与总结，是素裹瓷器的同时又能衬托其他色彩最好的方式，是体现图案主题最完美的表现。谁能首先发明白釉，并能改进与掌握白釉技术，谁就有机会引领瓷器行业的发展，最终能鹤立鸡群，笑傲群窑。

　　如果说北方的邢窑、定窑烧制白釉瓷而闻名全国，江西景德镇所烧造的白釉瓷同样是誉满江南。北方的白釉与南方白釉的区别，除了对白色具

▲ [北宋]·青白釉芒口印菊瓣盏

体的色相理解不同之外，更重要的是对白釉配方技术研究与改进的深入性
及持续性。江西景德镇的诸白瓷窑中胜梅亭、石虎湾、黄泥头是目前已发
现的南方地区烧造白瓷的最早窑址。这些窑都烧白瓷和青瓷，且用叠烧
法，碗心多粘有支烧痕，器物较多变形。青釉偏灰，白釉纯正，洁白度达
到70%。时代均属五代，形制与五代墓出土器物相同。对于胜梅亭、石
虎湾和黄泥头窑址的时代问题，在20世纪50年代初期，曾一度误认为唐
代。随着后期一些五代墓葬的考古发现，断代标准器物的增多，这三个窑
址的时代结论也就得到了纠正，它们应该属于五代。三个窑址都出土有五
代白瓷标本，以胜梅亭出土的最为丰富。器物主要有盘、碗、壶、盒、水
盂等，而以盘和碗为主。胜梅亭等窑白瓷的烧造成功，对于景德镇地区宋
代青白釉的出现，特别是湖田窑所产青白釉瓷器的精绝，以及元、明、清
时期瓷业的发展，有极为重要的意义。

　　青白瓷是宋代以景德镇湖田窑为代表烧制成的一种具有独特风格的瓷
器，因为它的釉色介于青白二色之间，青中有白和白中显青，因此称青白

瓷为"影青"，青白瓷的早期烧制历史还有待进一步考证。

二、青白瓷系

　　近半个多世纪以来，在江南地区发现兼烧青白瓷的宋代瓷窑不少，也有少数专烧青白瓷。景德镇之外，有江西南丰白舍窑、安徽繁昌柯家冲窑、福建闽清窑及湖北武昌金口窑、江夏湖泗窑等。景德镇烧青白瓷的窑址已发现有湖田、湘湖、胜梅亭、黄泥头、南市街、柳家湾等。这些窑址都遗留有大量的碎片标本。胜梅亭的烧瓷始于五代，烧青瓷及白瓷，青白瓷还没有出现。到了宋代，青白瓷在这里大量生产，并在景德镇形成风尚。由宋迄元，青白瓷盛烧不衰，形成了一个大的瓷窑体系。属于青白瓷窑系的还有吉安永和镇窑、广东潮安窑、福建德化窑、泉州碗窑乡窑、同安窑、南安窑等。

三、玉落瓷都

　　江西景德镇窑是宋代重要瓷窑之一，位于群山峻岭之中，它有优质的制瓷原料，有便于烧瓷的松柴，有比较便利的水路交通，特别是工匠来自全国各地，带来了各地制瓷的好经验。在原料选择、制瓷工艺以及装饰

▲　[明·嘉靖]·青花缠枝莲八宝鼓式三足炉

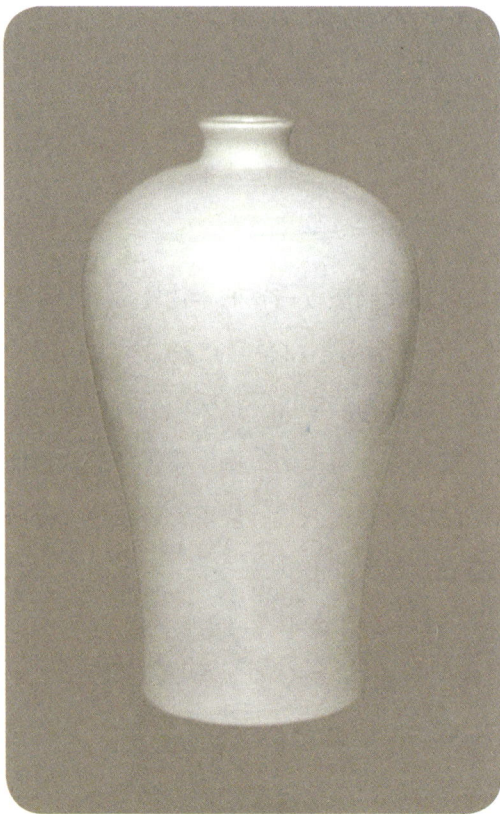

▲ [明]·甜白釉刻花梅瓶·故宫博物院藏

纹样等各个方面都达到了相当的高度，可以说它比较集中地代表了宋代之后的烧瓷水平。

清，兰浦在《景德镇陶录》卷五历代窑考一节之中记景德镇的两处唐窑，既"陶窑"和"霍窑"。

陶窑，初唐器也，土惟白壤，体稍薄，色素润，镇锺秀里人陶氏所烧也。邑志云，唐武德中镇民陶玉者载瓷入关中，称为假玉器，且贡于朝，于是昌南镇瓷名天下。

霍窑，窑瓷色亦素，土善腻，质薄，佳者莹缜如玉，为东山里人霍仲初所作，当时呼为霍器。邑志载唐武德四年诏新平民霍仲初等制器进御。

景德镇初唐时期的陶窑和霍窑是否果有其人其事，目前还需要进一步考证。但是如果把"假玉器"和"佳者莹缜如玉"的评语，用于宋代景德镇湖田窑的青白瓷倒是比较恰当和符合实际的。

唐人陆羽在《茶经》一书中曾对越窑青瓷有过"如玉如冰"的评语，陆羽评的是青釉温润的程度如玉如冰。宋代青白瓷不仅远远超过了越窑，使釉的质感达到了如玉的要求，而且也几乎具备了与玉器无别的质地。宋人诗词中也不乏赞美青白瓷的句子，词家李清照《醉花阴》词中就有"薄雾浓云愁永昼，瑞脑消金兽，佳节又重阳，玉枕纱厨，半夜凉初透……"的佳句。重阳节的江南地区暑热未退，瓷枕蚊帐是却暑的最佳寝具。词中的玉枕可能指的就是色质如玉的青白瓷枕。这类瓷枕是景德镇湖田、湘湖等窑的产品，在江苏南京、湖北汉阳等地宋墓都有出土。南京出土婴戏纹枕，色质如玉，做工及纹饰俱佳，为宋代青白瓷枕的代表作品之一。湖田窑炼白瓷成"玉"，宛如白玉祥落景德镇，造就了瓷都。

四、甜白釉

前面曾叙述过，元代枢府釉白瓷的诞生，意味着景德镇白釉瓷发展的重大突破。那么明代甜白釉瓷器的烧制成功，是明代景德镇单色白釉瓷器发展过程中的又一显著进步。中国古代的各种色釉，是利用铁、铜、钴、锰的氧化物之呈色作用进行着色。由于一般瓷土和釉料中或多或少带有一些氧化铁，在还原气氛中必然反应出青色来，因此青釉是我国古代最普遍的釉色。但

▲　[明]·甜白釉刻花瓶·故宫博物院藏

▲ [南宋]·青白釉三足炉·中国陶瓷博物馆藏

▲ [南宋]·青白釉兽足盖炉·中国陶瓷博物馆藏

古代白瓷的制作，并不是在釉料中加进一种白色呈色剂，而是选择含铁量较少的瓷土，釉料经过细加工，使含铁量降低到最少的限度。在洁白细腻的瓷胎上，施以纯净的透明釉，就能烧制出白度很高的白瓷来。假使再将瓷胎制得较薄，薄到半脱胎或"脱胎"的程度，那就更增加了这种白瓷诱人的美感。前人对于明代各朝的白瓷有很高的评价：如永乐时期的"甜白"，宣德时期的"汁水莹厚如堆腊，光莹如美玉"，嘉靖时期的"纯净无杂"，万历时期的"透亮明快"，等等。

明清两代在白瓷烧制工艺方面有不少成就，主要表现在下列几个方面：1.瓷胎中逐渐增加高岭土的用量，以减少瓷器的变形。2.精工粉碎和淘洗原料，去除原料中的粗颗粒和其他有害杂质以增加瓷器的白度和透光度。3.提高瓷胎的烧成温度以改变其显微结构，从而改进瓷器的强度以及其他物理性能。4.改进瓷器装匣支烧的方法，从而增加美观并利于实用。上述烧造技术的巨大进步，使白瓷的外观和内在质量上都有极大的提高。明代的薄胎瓷，特别是脱胎瓷便是有力的证实。

永乐白瓷，能够光照见影，很多白瓷都薄到半脱胎的程度。器物上往往有暗花刻纹和印纹。由于这种胎薄釉莹的白瓷，给人以一种"甜"的感受，因此又称它为"甜白"。永乐时期薄胎白瓷的烧制成功，为明代彩瓷生产的繁荣创造了有力条件。

永乐时期开始制作薄胎瓷器，此时的薄胎只是半脱胎。到了成化时期，白瓷工艺有更高的成就，其薄的程度达到了几乎脱胎的地步。脱胎瓷的制作，从配方、拉坯、修坯、上釉到装窑烧成，都有一整套严谨的技术和工艺要求，修坯是其中最艰难、细致、最关键的一个环节。脱胎瓷的修坯一般要经过粗修、细修定型、粘接、修去接头余泥并修整外形，荡内釉，然后精修成坯并施外釉。坯体反复取下装上近百次之多，才能将二三

▲　[南宋]·青白釉盏托·中国陶瓷博物馆藏

毫米厚的粗坯，修到蛋壳一样薄的程度，在修坯的关键时刻，少一刀则嫌过厚，多一刀则坯破器废，如果不慎有一个大的喘息都有可能导致前功尽弃的后果。其制作工艺的难度，由此可见一斑，脱胎瓷的烧制成功表明了明代景德镇陶瓷烧制技术的精湛。隆庆、万历时期的高级民窑的"蛋皮"式白瓷，也能达到"脱胎"的程度。

在白釉青花瓷出现之前，青白瓷经历了几百年的长期发展，窑工们不断地摸索与总结，使青白釉逐渐乳浊化。元代时，青白釉乳浊化而形成枢府釉，到了明代初期，朝廷在景德镇设置了官窑，窑工们对枢府釉进行更为细致的提炼，釉料配方不断地完善而使白釉更为净白细腻，呈现甜白之感，似乎有白砂糖的甜味，后人很形象地称其为"甜白釉"。当然，甜白釉不是白釉优化的终点，在明清两朝，白釉又得到许多的演变与发展，作为瓷器的基础釉层，其成果是青花瓷、彩瓷等取得瓷器艺术辉煌的有力保证。

《陶歌瓷赋——长江流域非物质文化陶瓷艺术》有首诗写得真切："白釉崛起景德镇，无白瓷都都不成。青花五彩漫天飞，瓷白可载归乡魂。"

第八章　青衣舞

一、白釉托青花

　　如果没有湖田窑白釉不断地演变与发展，就没有青花宝蓝耀眼的璀璨。元代时，湖田窑的青花，在中国制瓷史上具有重要的地位。但是对它的研究，是 20 世纪 50 年代才开始的。1929 年英国人霍布逊发现了带有至正十一年（1351 年）铭的青花云龙象耳瓶，颈部题字为："信州路玉山县顺城乡德教里荆圹社，奉圣弟子张文进喜舍香炉，花瓶一付，祈保合家清吉，子女平安。至正十一年四月良辰谨记。星源祖殿，胡净一元帅打供。"瓶身绘缠枝菊、蕉叶、飞凤、缠枝莲、海水云龙、波涛、缠枝牡丹及杂宝变形莲瓣等八层图案。

　　20 世纪 50 年代以后，美国波普博士以此瓶为依据，对照伊朗阿特别尔寺及土耳其伊斯坦布尔博物馆所藏元代青花瓷器进行对比研究，发表了两本书。他以"至正十一年"铭青花瓶为标准器，把凡是与之相似的景德镇在 14 世纪生产的成熟青花器，称作"至正型的产品"。从此，人们对元青花的研究才进入了理性、有序的阶段。

　　元大都遗址的勘查与发掘，发现了一批青花瓷器，同时出土的还有两

▲ [明·成化] 斗彩鸡缸杯

件青白瓷碗。碗的底部有墨书的八思巴文字,译成汉字是"张"或"章",这无疑是物主的姓。八思巴文字颁行于元至元六年(1269年),到泰定二年(1325年)才刻成蒙古字《百家姓》。由此可以推断,这两件青白瓷器底部墨书的八思巴字,有可能是在泰定二年《百家姓》刻印推广后写上去的。由于这批青花瓷器出于窖藏,因此它们的时代也应当晚于泰定二年是极有可能的,但也不能据以确定其下限的绝对年代。

景德镇湖田窑址发现元青花,是陶瓷史上一件十分重要的事。从已出土的实物看,也还都是属于元代晚期的产品。在已有的元青花中,有一件河北省定兴县窖藏出的青花梅花纹高足碗。碗里绘梅花一枝,花上侧绘一弯月,这种月梅纹也见之于南宋吉州窑碗内。碗下部有高足,足的高度与碗高约略相等,足外凸起弦纹六条,碗和足的胎都很薄,与常见青花高足碗的胎不同。这件器物显然要比一般的"至正型"为早,但究竟早多少年,也还无法肯定。把至正十一年款青花瓶,作为典型"至正型"的标准器，并不是说所有这类青花瓷器，都是至正十一年以后的，有可能早于至正十一年。同时，也不能肯定至元戊寅以前的元青花必然是青白釉、纹饰简单和青花色泽比较灰的。关于元代青花的分期及其演变过程，还有待各方面的进一步研究。

20世纪70年代后期，在浙江、江西两省分别出土和发现了元代早、中期的青花瓷器，有的出于纪年墓中，有的器身书有年号，为我们探索元青花的发展提供了极为宝贵的资料。

元代烧造青花瓷器的窑场有好几处，然而能代表当

▲ ［明·成化］·青花龙纹高足碗

▲ ［明·成化］青花龙纹高足碗

▲ ［明·崇祯］·青花铭文祭器

时制瓷水平的是景德镇窑。景德镇地区的元青花胎、釉制造方法是在当地宋青白瓷的基础上发展而来的。景德镇元青花瓷胎的化学组成比宋青白瓷稍有变化。已经过分析的宋代湖田窑青白釉瓷碗碎片与元代湖田窑青花大盘碎片相比较，元青花瓷胎中的氧化铝含量明显增加，从宋代的 18.65% 增至元代的 20.24%，这是由于元代采用了瓷石加高岭土的"二元配方"法，而宋代青白瓷是瓷石一种原料制胎。

景德镇元青花的釉色白而泛微青，透亮光润。它与宋代青白釉的不同之处，仍以上述两个分析标本为例，是釉中含氧化钙量的减少，从宋代的 14.87% 减至元代的 8.97%，以及钾、钠成分的相应增加，从宋代的 3.28% 增至元代的 5.82%。

元青花使用的青花钴料，有进口料与国产料两种，进口钴料称为苏麻离青。作为青花料的钴土矿，在我国的云南省、浙江省、江西省均有蕴藏。一般习惯地称为国产青料。云南的玉溪窑、浙江的江山窑、江西的景德镇窑，由于附近都产青花原料，具备了烧青花瓷器的条件，所以都曾烧过青花瓷器。云南是珠明料的产地，会泽、榕峰、宣成与嵩明等县都出产青花原料。距玉溪窑最近的宜良也产钴土矿，所以玉溪青花料可能来自宜良。江山是浙江青花料的产地，江山窑青花应当采用本地原料，而景德镇使用青花原料的情况比前面两窑都复杂。

二、明代瓷都

　　景德镇经历了漫长的瓷业发展，特别是在元代湖田窑制瓷技术打下了坚实的基础，造就了明代景德镇成为中国的瓷都。元代高岭土二次配方的运用，青花、釉里红新品种的烧制成功，以钴为着色剂的霁蓝和铜红高温单色釉的出现，以及描金装饰手法的运用，都为明代彩瓷和单色釉的辉煌成就创造了前所未有的技术条件。以一首诗："角山商瓷已居赣，天工开物瓷未休。四方传技景德镇，明定四海瓷都形。"可以表达江西古代陶瓷业艰辛的发展历程，湖田窑在江西窑业乃至中国窑业所起到的巨大助动力的历史作用，并成功塑造了景德镇在中国瓷都的历史地位，赢得了世人的尊重。

　　但是，景德镇在元代的全国制瓷业中，还不能居于盟主的地位。因为当时的龙泉，磁州和钧窑等各大窑场仍具有相当大的规模。不过，进入明代以后，情况就有了显著的变化。景德镇以外的各大窑场，都日趋衰落，各种具有特殊技能的制瓷工匠自然会向瓷业发达的景德镇集中，造成了景德镇"工匠来八方，器成天下走"的局面。

　　景德镇位于昌江与其支流西河、东河的汇合处，四面环山。明代，浮梁县的麻仓山、湖田及附近的余干、婺源等

▲ [明·弘治]·青花人物图套盒·故宫博物院藏

地，都蕴藏着丰富的制瓷原料。优越的自然条件，也是使景德镇能成为瓷业中心的一个重要因素。

浮梁和附近地区，怀玉山脉绵亘起伏其间，山区多产松柴，可经昌江及其支流水运到景德镇，为烧窑提供了丰富的燃料。当时的民窑大多设于昌江及其支流沿岸。河水不仅可供淘洗瓷土，而且可以设置水碓，利用水力粉碎瓷土。丰富的自然资源、成熟的技术条件，在国内外市场需要的刺激下，明代景德镇的制瓷业在元代的基础上突飞猛进，顺理成章地成为全国的瓷业中心。

宋应星在《天工开物》中说："合并数郡，不敌江西饶郡产……若夫中华四裔驰名猎取者，皆饶郡浮梁景德镇之产也。"从这段话可以分析，明代景德镇所产的瓷器，数量大，品种多，质量高，销路广。从品种和质量说，景德镇的青花器是全国瓷器生产的主流，以成化斗彩为代表的彩瓷，是我国制瓷史上的空前杰作。永乐、宣德时期铜红釉和其他单色釉的烧制成功，则表明了当时制瓷工匠的高超技术与艺术水平。

▲ [明·弘治]·青花蒜头团花纹瓶·武汉博物馆藏

景德镇在全国处于瓷业中心的地位，它不仅要满足国内外市场的需要，由于制瓷的工艺精湛，而且还担负了宫廷御器和明朝皇宫对内、对外赐赏和交换的全部官窑器的制作。

三、民窑为本

　　明代后期，随着制瓷业中资本主义因素的发展，民营窑场的激增，制瓷工匠的集中和瓷商的会集，在嘉靖二十一年（1542 年），景德镇从事瓷业的，包括工场主和雇工的人数已达十万余，明万历时人王世懋在《二酉委谭》中记录了景德镇当时的繁荣景象："万杵之声殷地，火光炸天，夜令人不能寝。戏呼之曰四时雷电镇。"景德镇在万历时已与苏、松、淮、扬、临清、瓜洲等都会并列，成为有名的瓷都了。

　　景德镇的瓷业，民窑比官窑显示出较多的优越性。明代景德镇的民营瓷窑，除了生产供国内外市场普遍需要的一般产品外，还生产高级的细瓷器。嘉靖以后，凡属宫廷需要的"钦限"瓷器都由民窑生产。地主、官僚上层也需要一部分高质量的陈设瓷，争奇斗艳，以满足他们奢侈生活和夸耀其富贵豪华的需要。正是由于这些需求，造就了部分瓷器产品的精美绝伦，也是民窑工匠的智慧结晶。

　　嘉靖时期的王宗沐，带

▲　［明·洪武］·青花菊纹壶

▲ [明·嘉靖]·青花云龙兽耳环瓶·台北"故宫博物院"藏

着世风不古的悲叹，记录了这种现象："利厚计工，市者不惮价，而作者为奇钓之，则至有数盂而直一金者；他如花草、人物、禽兽、山川屏、瓶、盆、盎之类不可胜计，而费亦辄数金；如碎器与金色瓷盘，又或十余金，当中家之产。"这些高级瓷器的销售地域亦比较广，"自燕云而北，南交趾，东际海，西被蜀，无所不至，皆取于景德镇"。

明代专门经营高质量的细瓷器并为宫廷烧造钦限御器的民窑有"官古器"户，较次于"官古器"户的有"假官古器"户、"上古器"户和"中古器"户等（见《景德镇陶录》卷二）。当时杰出的名家有隆庆、万历年间专仿宣德、成化瓷的崔国懋，既崔公窑；善于仿定的周丹泉；万历年间精制脱胎瓷的壶公窑。这壶公窑，过去有些记载说是姓吴，或姓昊，谓其别号十九，又称昊十九。近年来，在江西省景德镇出土了一件"吴昊十"的青花圆形墓志，证明壶公窑应为吴昊十九。"十九"是排行，他和吴昊十是兄弟辈。此外，万历年间的制瓷名家还有陈仲美及吴明官等。而烧制广大百姓日用瓷器的窑场，当时最突出的有"小南窑"。

四、官窑上器

　　明代御器厂始设置于何时，在有关史籍中有不同的记载。成书于明嘉靖年间的《江西大志》说在建文四年（1402年）。而成书于清嘉庆年间的《景德镇陶录》则说是洪武二年（1369年）。《大明会典》卷一百九十四"陶器"条有这样一段记载："洪武二十六年定，凡烧造供用器皿等物，须要定夺样制，计算人工物料。如果数多，起取人匠赴京，置窑兴工。或数少，行移饶、处等府烧造。"如果洪武二年已经建立御器厂，似乎就不大可能用"行移饶、处等府烧造"的方式了。

　　御器厂初设时有窑廿座，其任务是烧造官窑器供宫廷使用，包括朝廷对内、对外赐赏和交换的需要。宣德年间大量烧造时，增至58座。御器厂的窑有六种不同的类型，即风火窑、色窑、大龙缸窑、匣窑、青窑。其

▲　[明·万历] 青花龙凤八方洗·台北"故宫博物院"藏

▲ [明·宣德]·海兽高足碗

中缸窑30余座专烧鱼缸,青窑烧小件,色窑烧颜色釉。御器厂内的分工计23作:"大碗作、酒盅作、碟作、盘作、盅作、印作、锥龙作、画作、写字作、色作、匣作、泥水作、大木作、小木作、船木作、铁作、竹作、漆作、索作、桶作、染作、东碓作、西碓作。"在资本主义前期,分工协作可以使生产专业化,它是提高生产力的主要办法。分工协作在我国古代官手工业中实行已久,但是它和民营手工工场有着本质的区别。御器厂所采用的协作形式,便是以封建的超经济强制为前提的。御器厂平时由饶州府的官吏管理,每逢大量烧造时,朝廷都派宦官至景德镇"督陶"。

由于御器厂对制瓷技术的严格要求,景德镇民营制瓷业受到很大的影响,主要体现在三个方面:

1.占用了最熟练的制瓷工匠。

2.独占了优质瓷土和青料,并且限制民窑的产品品种。

3.用"官搭民烧"的办法对民窑进行经济干预。

御器厂所需的劳动力有两类:一是具有生产技能的官匠,二是当辅助工的普通劳力。有技能的官匠又分两部分,一部分是所谓"上班匠",明代把手工业者编入"匠籍"。景德镇的匠籍户例派四年一班赴南京工部上班,但如果缴纳一两八钱"班银",就可以自己从事手工业生产。然而,御器厂若要烧造瓷器,这些工匠,仍要被迫自备工食去御器厂"上班"。按规定,这些上班匠只要在一次烧造任务完成后,就可归去。但是,繁重的御器烧造任务,往往连续不断,所以有高超制瓷技术的工匠是极为需要的。

　　另一部分工匠是所谓的"雇役"，主要是指数量较少的绘画艺人和烧龙缸的"大匠"、敲青匠、弹花匠和裱褙匠等。名义上，对这些招募的工匠给以工食。不论是上班匠还是所谓招募来的"高匠"，都是景德镇各类瓷业中最熟练的工匠，他们被御器厂长期雇用，这对于民间制瓷业的发展来说，显然是有极大影响的。

　　至于辅助工，有所谓"上工夫"和"砂土夫"等。大约在嘉靖年间，上工夫为 367 名，砂土夫为 190 名，都从饶州府所属 7 个县编派。

　　高质量的瓷器产生，先决条件是要有优质瓷土。明代景德镇的优质瓷土被御器厂独占，即所谓官土。陶土产自浮梁新正都麻仓山，千户坑、高路陂、低路陂、龙坑坞为官土。这些官土，民窑无权使用，只能采用质量较次的瓷土。到万历年间，由于这些坑的瓷土逐渐减少，御器厂又要霸占其他地方的瓷土为"官业"，这就引起了当时民间瓷业的反抗。《浮梁县志》记录了这次争执："万历三十二年，镇土牙戴良等，赴内监称高岭土为官业，欲渐以括他土，也微采取，地方民衣食于土者甚恐……"

　　明代瓷器中，青花瓷器是生产的主流。但当时最好的青料，也被官家所垄断。例如嘉靖时期的回青料，是国外进口青料，只准在烧造御器时使用："陶用回青，本外国贡也，嘉靖中遇烧御器，奏发工部，行江西布政

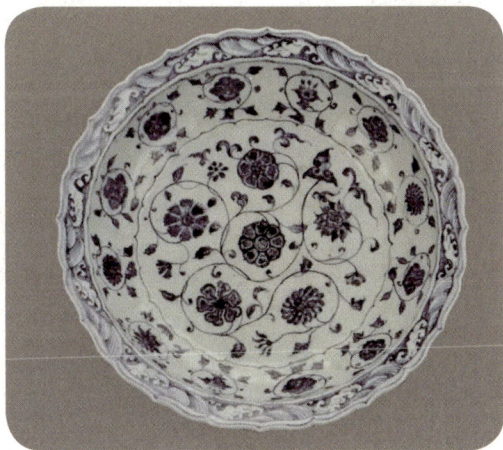

▲ [明·宣德]·青花缠枝莲纹菱花口盘·武汉博物馆藏

▲ [明·宣德]·青花果叶带盖梅瓶

司贮库时给之。"民窑只能通过各种非法途径，争取得到一点这种高级青料。

民窑制作瓷器的品种、式样，也处处受到官方的限制。正统三年（1438 年），"禁江西瓷器窑场烧造官样青花白地瓷器，于各处货卖……违者正犯处死，全家谪戍口外"。正统十一年（1446 年），又"禁江西饶州府私造黄、紫、红、绿、青、蓝、白地青花等瓷器……首犯凌迟处死，籍其家资，丁男充军边卫，知而不以告者，连坐"。

但是，随着资本主义因素的发展，这种落后的、专制的封建性束缚，到了明代嘉靖时期，已经有了很大的改观。所以王宗沐在所作《江西大志》中曰："今器贡自京师者，岁从部解式造，特以龙凤为辨。然青色狼藉，有司不能察，流于民间，其制无复分。"

五、官搭民烧

　　御器厂"官搭民烧"的制度是对民窑产生影响的又一种方式，明宫廷每年所烧造的瓷器，在形式上也有一个预定的数字。从宣德年间开始，以工部所属的营缮所丞管理工匠，御器厂在政府系统应属工部营缮所管辖，每年通过工部颁发的烧造瓷器的额定任务，称为"部限"。但是，在部限以外，往往由于宫廷的需要又临时加派烧造任务，这种额外的加派称为"钦限"。嘉靖以后，瓷器烧造数字激增，御器厂一般只烧造部限的任务，而所谓的钦限任务，则采用官搭民烧的办法，分派给民窑完成。民窑根据派给的任务烧造，成器后，要经过御器厂挑选，并且百般挑剔。如民窑无法烧造或挑选者认为不合格，因而不能完成任务时，那么御器厂就将它自己烧造的器物高价卖给民窑，让民窑用这些买来的瓷器再上缴给御器厂以完成钦限。《江西大志·陶书》中曰："部限瓷器，不预散窑。钦限瓷器，官窑每分派散窑。其能成器者，受嘱而择之。不能成器者，责以必

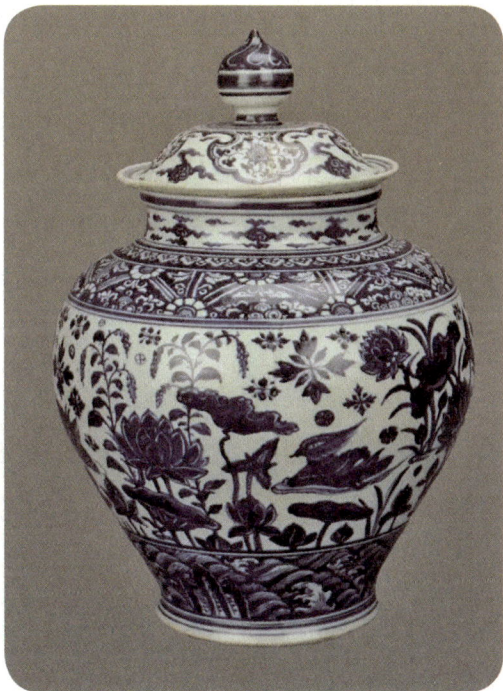

▲ ［明·宣德］·青花鸳鸯戏莲罐·武汉博物馆藏

▲ [明·永乐] 青花缠枝花卉圆洗·台北"故宫博物院"藏

办。不能办，则官窑悬高价以市之，民窑之所以困也。"官搭民烧，名义上也付给工值，但是价格极低。在烧造青花瓷器时，由于民窑没有上等的青料，必须出钱购买，而内监则又用"以低青给诸窑，追呼其值"的手法来榨取。景德镇的民窑，遭受到这么多的盘剥和压制，必然大大阻碍了民窑瓷器生产的发展。

御器厂的特权式生产管理是极其落后的，不仅影响了民窑生产的发展，而且造成御器厂瓷器生产成本的提高，运输徭役繁重，给景德镇以及附近州县乃至江西全省带来了巨大的灾难。由于御器厂对瓷器的挑选极严，凡上缴的御器大多要"百选一二"，檠台，凉墩之类烧造"百不得一"，龙缸、花瓶之类"百不得五"，因此景德镇实际的烧造数量比上缴数量要超出许多倍。就当时来说，每件瓷器的成本耗费，已和银器的价值相近。万历二十八年，工科给事中王德宪曰："瓷器节传二十三万五千件，约费银二十万两。"可见每件瓷器的平均烧造费约为白银一两。而嘉靖朝

湖田白瓷*美境*

好多年都在十万件以上，则每年的烧造费竟高达白银十万两左右。王宗沐在《江西大志·陶书》中曰："每岁造，为费累巨万"是符合实际的，这笔巨大的金额往往要江西"竭一省之力以供御"。

六、明代青花

引用《陶歌瓷赋——长江流域非物质文化陶瓷艺术》里的一首诗"青花非花胜似花，无青无花瓷奈何。青亦色异形无定，酣畅粗雅随心合"作为本节的开始。

洪武青花瓷。明代御器厂成立于洪武初年（1368年）还是较后时期这个问题有待进一步研究才可确定，但洪武时期青花瓷器需求的数量已经很大了。这大量的需求，包括了民用和官用。明王朝在洪武二年就已规定"祭器皆用瓷"。明朝政府在对入贡国的答赠中，也需要大量的瓷器，例如洪武七年一次就赐赠琉球瓷器七万件，洪武十六年赐赠占城和真腊各19000件，洪武十九年又遣使真腊赐以瓷器。

▲　[明·永乐]·青花人物扁壶·台北"故宫博物院"藏

▲ ［明·正德］·阿拉伯文青花盖盒·故宫博物院藏

目前传世的元末明初青花瓷器中，有一部分似属洪武时期的产品。其特征是，一般情况下青花色泽偏于暗黑，这可能是由于当时的战乱环境，中断了进口青料而使用国产青料造成的。在图案装饰方面，则开始改变了元代层次多、花纹满的风格，而趋向于画面多留空白，扁菊花纹描绘较多，葫芦叶的绘画也不如元代那样规矩。

永乐、宣德青花瓷。这一时期的青花瓷器，以其胎釉精细、青色浓艳、造型多样和纹饰优美而负盛名，永乐、宣德时期被称为我国青花瓷器的黄金时代。

永乐年间（1403—1424 年），是明初国力比较强盛的时期。景德镇官窑生产的青花瓷器，不仅要供应宫廷日常生活的需要，还要满足朝廷对外国入贡者的答赠及郑和下西洋所需的礼品和商品，其数量一定是相当可观的。

但由于史籍失记，而永乐青花瓷器除了"压手杯"等少数有篆书年号款外，都不书年款，因此，对于永乐青花瓷器的识别较难。永乐和宣德之间，虽然隔着一个洪熙，但为时只有一年，事实上几乎是相接的。帝王的更迭，并不必然带来手工业产品风格的改变。永乐和宣德两朝的青花瓷器具有共同的特点和风格，是很自然的事。明人王世懋和黄一正，在《窥天外乘》和《事物绀珠》中把永、宣二窑相提并论，是合乎情理的。

永乐、宣德时期官窑青花瓷器的胎、釉制作技术，比元代有了进一步的提高。胎质细腻洁白，釉层晶莹肥厚，形成这一时期的特征之一。而在习惯上，又把釉层更肥润的一类归属永乐时期的产品。

青花色泽的浓艳，是这一期最主要的共同特征。历来传说，这时期所用的青料，是郑和出航西洋从伊斯兰地区带回的所谓"苏麻离青"。这种青花料含锰量较低，含铁量较高。由于含锰量低，就可减少青色中的紫、红色调，在适当的火候下，能烧成像宝石蓝一样的鲜艳色泽。但由于含铁量高，往往会在青料淤积位置出现黑疵斑点。这种自然形成的黑斑，和浓艳的青蓝色却又相映成趣，被视为无法模仿的永、宣青花瓷器的"成功之作"。

但是，在传世的永乐、宣德青花瓷器中，有相当一部分不带铁锈黑斑，而青花色泽又极为优雅美丽的制品。有人物画面的青花器，往往属于这一类，其所用的青料究竟是国产钴土矿，还是进口料加以精制的结果，还有待进一步研究。

关于永乐、宣德青花料用"苏麻离青"的记载，最早的是成书于明万历十七年（1589 年）以前的《窥天外乘》。该书作者王世懋说："宋时窑器，以汝州为第一，而京师自置官窑次之。我朝则

▲ ［明·正德］·青花阿拉伯文番莲尊·台北"故宫博物院"藏

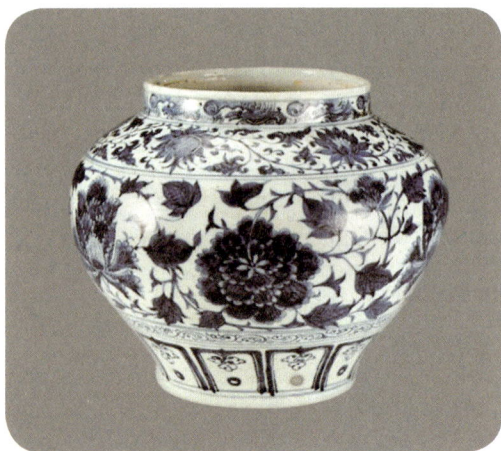

▲ [元]·青花缠枝牡丹纹罐·上海博物馆藏

专设于浮梁县之景德镇，永乐、宣德年间，内府烧造，迄今为贵。其时以骔眼、甜白为常，以苏麻离青为饰，以鲜红为宝。"成书于万历十九年的黄一正的《事物绀珠》也有相同的记载。

这里的"苏渤泥"青，在译音上和前述的"苏麻离"青很接近，当是同一词的异译。此后，清，唐衡铨的《文房肆考》、朱琰的《陶说》、兰浦的《景德镇陶录》则都把"苏麻离"青误称为"苏泥渤青"。据兰浦的记载，这种误传，可能开始于明代闽人温处叔的《陶纪》。

我们可以看出，宣德青料中氧化锰的含量与氧化钴含量差不多，而氧化铁特高，这是和国产青料在成分上最显著的不同。国产钴土矿即青料的成分中，氧化锰的含量要比氧化钴高达数倍乃至十余倍；而含锰这样少，含铁这样高的钴土矿，国内至今尚未发现过，这些事实是可以和古籍上宣德青花是用外国青料的记载互相印证的。

宣德青花的呈色是蓝中泛绿，是指具有代表性的宣德青花。有些宣青，发色纯蓝，且没有黑斑，色调与康熙青花发色相似，深的部分呈黑色，小的成黑点，大的成黑斑。从分析成分中可以看到，宣德青料中虽含锰不多，但含铁量却很高。因此在还原气氛中烧成可能形成金属光泽的黑斑，所以宣德青花的特征是由于以上所述青料特殊成分所致。

永乐，宣德时期的大型盘、碗，制作一般都比较规整，变形较少，这说明了当时陶车制坯和烧窑技术已十分成熟。这个时期的青花瓷器在制作风格上，也改变了元代的厚重雄健而趋于清新艳丽。永乐、宣德青花不光有较大的盘、碗等器，还有很多是精致的小器物，如精致、小巧而又显得端稳的永乐青花压手杯，口沿外撇，拿在手中正好将拇指和食指稳稳压住，这种精心设计的新品种，在明代就得到了很高的评价："永乐年造压手杯，中心画双狮滚毯，为上品，鸳鸯心者，次之；花心者，又次。杯外青花深翠，式样精妙。"

永乐大多无款，宣德大多有款，这是区别两朝瓷器的重要特征。同样的器物，永乐较轻，宣德较重；永乐的釉层更莹润，器底圈足凝釉处，往往泛青绿色，宣德釉层较多气泡，呈橘皮纹；永乐偶然有青花发色混糊的现象，宣德的青花发色则都较清晰。

三朝空白。中国明代瓷器史上有一段黑暗时期，宣德以后的1436—1449年的正统时期、1450—1456年的景泰时期、1457—1464年的天顺时期，共有三朝。几乎不见有任何官款的瓷器传世。

成化、弘治、正德青花瓷。不同时期所使用的青花料是不同的，具体来说，永乐、宣德时期的官窑青花，所用的青料主要是进口的苏麻离青。成化，弘治和正德这三朝的官窑青花瓷器，则是进口青料和国产青料混合使用的时期。

成化年间（1465—1487年），御器厂的烧造量是十分巨大的。《明史·食货志》说："成化间，遣中官之浮梁景德镇，烧造御用瓷器，最多且久，费不资。"朝廷派人督烧宫廷用瓷，是一件劳民伤财的事。成化十八年（1482年），有一个后卫仓副使应时用，因为要求撤销派太监去景德镇督陶，竟触犯"刑律"，被关进了监狱。

成化瓷器最主要的成就，是斗彩的烧制成功。但青花瓷器也有一定的声誉。成化青花除了少数早期制品仍沿用苏麻离青而带有黑斑，同时在风

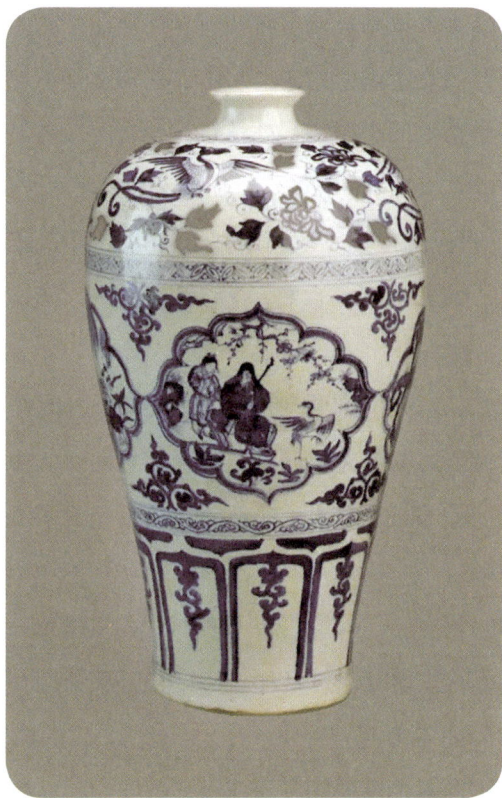

▲ ［元］·青花四爱图梅瓶· 武汉博物馆藏

格上又和永乐、宣德时期的青花相似外，其大量而典型的产品，则是以青色淡雅而著称。由于苏麻离青料的断绝，成化官窑后期主要用的是产于江西饶州地区乐平县的陂塘青，也称平等青。这种国产青料，含铁量较少，因此不再出现宣德青花那种黑斑。由于经过精细的加工，在适当的温度中可烧成柔和、淡雅而又透彻的蓝色来。从传世的实物看，成化青花瓷器的造型，并不如宣德青花那么多样。但是，玲珑、精巧的小型器物，却是这一时期突出的产品。在图案的装饰手法上，更趋向于轻松、愉快，如婀娜的花枝和活泼的婴戏图等，都能给人以艺术享受。当然，除了青色淡雅的典型器以外，成化青花也有较浓青色的。但是，胎薄釉柔白，青料发色淡雅是这一时期青花器的普遍特征，独树一帜。

弘治年间（1488—1505 年），本朝的青花瓷器，从器形、装饰和青料使用等各方面看，都是成化风格的继续。它所使用的青料，主要是平等青，只是由于配料成分及烧成温度的不同，也仍有较浓和较淡的不同色调。器物以盘、碗为主。在装饰图案中，以莲池游龙最有特色。

湖田白瓷 美境

正德年间（1506—1521年），本朝初期就在景德镇烧造御器。虽然因宁王叛乱，一度停止生产，但不久即恢复。而且，当时的督陶官梁太监，还把一些民户强迫编入匠籍，以扩充其"官匠"人员。这说明正德时期瓷器的烧造量也并不在少。正德青花，从色泽上说，有好几种不同的类型。薄胎白釉而青色淡雅如成化风格已比较少见；典型的正德青花瓷器，是胎骨厚重、青花发色浓中带灰的色泽为主。而青色亦呈翠青，但"混青"现象严重。

文献记载中显示，正德时期所用的青花料是比较复杂多样的。正德十年，《瑞州府志》记载："上高县天则岗有无名子，景德镇用以绘画瓷器。"这种瑞州产的无名子，也叫石子青。正德青花中，除了较浅淡的品种仍用平等青外，那类浓中带灰的典型产品，可能就是用的石子青。至于作为嘉靖青花标志的"回青"，在正德时也已出现，据《窥天外乘》的记载："回青者，出外国。正德间，大珰镇云南，得之，以炼石为伪宝。其价，初倍黄金，已知其可烧窑器，用之果佳。"

正德青花瓷器，不仅在色泽上和成化、弘治有很大的不同，而且多数是胎骨厚重，釉色闪青，也和成化、弘治的制作不一样。在器物的造型上，则一反成化、弘治以盘、碗为主的单调品种，而是比较多样，并且大型器物亦重新增多。正德青花器以波斯文作为图案的主题，是当时盛行的一种装饰。

嘉靖、隆庆、万历青花瓷。嘉靖青花是以使用回青料为标志的，也是明代青花瓷器史上又一个特点突出的阶段。嘉靖青花并不是全部使用回青料着色，而是以回青和瑞州石子青配合使用的。

嘉靖青花的色泽，一反成化的浅淡、和正德稍浓而带灰的色调，呈现一种蓝中微泛红紫的浓重、鲜艳的色调。由于嘉靖青花中铁与钴的比值是所有国外及国内钴料中最低的一种，而它的锰和钴的比值，虽比宣德以前的进口料为高，但也比一般的国产料为低。因此，它既没有永乐、宣德及元代青花那种黑铁斑，也不产生正德时单用石子青那种黑灰色调，而又比成化时所用的平等青要显得浓艳。因而，由于其青花发色的别致性，嘉靖青花器在明清之际曾得到较高的评价。

嘉靖青花瓷器"幽菁可爱"是其真实写照，当然，并不是所有的青花发色都能达到这么美的程度。同其他时期的青花一样，随着配料及烧成温度的不同而呈现不同的色泽。成书于嘉靖三十五年（1556年）的《江西大志》记载了当时回青配料不同而产生不同色泽的情况："回青淳，则色散而不收，石青多，则色沉而不亮。每两加石青一钱，谓之上青，四六分加，谓之中青，十分之一，谓之混水……中青用以设色，则笔路分明，上青用以混水，则颜色清亮，真青混在坯上，如灰色，石青多，则黑。"典型的嘉靖青花的那种浓重鲜艳的蓝色，正是成功地掌握了恰当的配料比例的结果。

据《江西大志》记载，回青并不单独使用，而是与石子青配合后再用的，这当然会在化验结果中反映出来。嘉靖的器物带有一种粗犷的面貌，在图案装饰方面，除了以前各个时期所有的主要题材外，道教色彩的题材出现较多，而像"寿""福"等字也出现了，这是过去很少有的。

隆庆年间（1567—1572年），本朝虽只有6年，但据《浮梁县志》记载，瓷器的烧造量也很大，计"十万五千七百七十桌、个、对……"按件数算就更多了。隆庆青花瓷器的风格基本上是嘉靖青花的延续，回青料继续使用，有的色泽亦很鲜艳。在传世品中，像六角壶、花形盒、银锭盒和方胜等，都是比较特殊的器形。北京故宫博物院所藏青花云龙提梁壶，胎骨厚重，色泽浓艳，可说是隆庆官窑青花的典型器物。

万历年间（1573—1619年），其早期的青花瓷器基本上也和嘉靖风格一致，所用颜料亦多回青。有的器物如果没有万历的年款，就很难和嘉靖时期的区别开来。从《明代景德镇御器厂大事年表》的材料看，万历十年烧造瓷器 9 万多件；十九年以后，共烧造 23.9 万件。此后，一直到明末，再没有烧造官窑器的记载。但是，从传世的实物看，御器厂的制瓷活动并没有完全停止。然而，瓷器产量确实不多了。

万历的青花瓷器，除早期的青料仍用回青并与嘉靖风格相似外。中期以后，可能因回青断绝而改用国产青料。万历官窑青花瓷器，中期以后所用的青料是浙江省所产的浙料，在《明实录》相关的记载中可以得到证实。万历三十四年三月，"乙亥，江西矿税太监潘相……上疏请专理窑务，又言描画瓷器，须用土青，惟浙青为上，其余庐陵、永丰、玉山县所出土青颜色淡浅，请变价以进，从之"。传世的万历中期以后的青花瓷器，并不全是"粗恶不堪"。有的虽没有嘉靖青花那样浓艳，但蓝中微微泛灰的色调，也颇有沉静之感。

天启、崇祯两朝的官窑青花瓷器，到目前为止，有官款的器物还很少发现。

明代民窑青花瓷。民窑瓷器是官窑瓷器发展的基础，是培植制瓷技术的土壤，现在谈谈民窑青花瓷器。瓷都景德镇虽然设立御器厂为宫廷提供御用瓷器，但这里的民窑制瓷业也是具有雄厚基础的。

在明代，瓷器是城市居民中极为普遍的日用器皿。洪武二十六年（1393 年），明政府曾明文规定各阶层的器用制度："凡器皿，洪武二十六年定：公侯一品，酒注、酒盏用金，余用银；三品至五品，酒注用银，酒盏用金，六品至九品，酒注，酒盏用银，余皆用瓷、漆、木器，并不许用朱红及抹金、描金、雕琢龙凤文；庶民酒注用锡，酒盏用银，余瓷、漆……"六品以下的官吏、城乡地主、商人和城市居民，一般器皿都要用瓷器，可以想象当时民窑瓷器市场供应量之大。但由于民间的瓷器不易保留下来，而且民窑器一般都无年款，因此，对于明代民窑瓷器的研究具有一定的困难性。

　　遗憾的是，景德镇明清两代御器厂的遗址，以及大量的民窑遗址，由于客观原因，还没有作大面积的科学发掘，但从现有的零星材料，也能看出明代景德镇民营窑场，几乎遍及景德镇。已发现的湖田和观音阁地区是明代民窑青花瓷器生产的集中点。湖田从元代起，一直是青花的主要产区，而观音阁的下限时间可能延续更长。

　　成化至明初民窑青花瓷。明初至成化以前的民窑青花瓷器产品，大多用的是国产料，其青料发色基本上比用苏麻离青的永乐、宣德官窑青花器为灰，同时也不带黑色的斑点。但是从湖田采集的瓷片看，明代前期宣德年间的民窑青花器也有用含铁量较多的进口"苏麻离"青料烧制的宗教用器和各类民间日用瓷，所以看待历史事物都不能绝对。这一时期的器物，以盘、梅瓶和罐为突出。其他器物如盘、瓶等的装饰图案主要是折枝莲、变形菊花、牡丹、凤凰、孔雀、莲池水禽等，基本上不见龙纹。这和明代早期"严禁逾制"的规定，是有很大关系的。

　　成化、弘治、正德民窑青花瓷器。成化、弘治时期官窑青花瓷器所用的是色泽较淡的陂塘青。上等青料由官府控制，但不会和进口料一样贵重，民窑通过各种途径，得到一些较好的青料，是完全有可能的。正德时期的民窑青花瓷器，不论从品种方面，还是从数量方面看，都是比较多的。这一时期所用的青料，表现在器物上基本上都偏灰色。

　　嘉靖、隆庆、万历民窑青花瓷。嘉靖、隆庆以后，由于资本主义因素的发展和官搭民烧制度的实行，有一些高级的民窑青花瓷器，不仅胎、釉制作的精细和官窑器相似。而且可能冲破纹饰上官窑器的呆板规定。《江西大志》所谓的"青色狼藉……流于民间，其制无复分"，就是指官窑与民窑青花瓷器之间，不再像过去那样有一条不可逾越的沟渠了。由于官窑的"钦限"御器是在民窑中烧造，这在一定程度上，促进了民窑的制瓷技术水平的提高。

此时期的民窑青花瓷器中，还有供中、上层地主官僚使用的极其精细的瓷器制品，较常见的有，"郝府佳器""沈府佳器""博物斋藏""青萝馆用"款的盘、碗和有"京兆郡寿房记"款的淡描十六子盘以及"长府佳器"、"东书堂"和"德府造用"款的器物等。

万历时期，景德镇民窑还为外销欧洲特制了大批青花器皿，其图案纹饰基本上是根据欧洲客户的需要而设计的，盘子口沿一般分成若干格，绘以郁金香纹饰。日本学者称为"芙蓉手"的，即属此类。

明末民窑青花瓷。明末天启、崇祯时期的景德镇青花瓷器产量是很大的。宋应星《天工开物》记述景德镇制瓷使用青料的情况说："凡饶镇所用，以衢、信两郡山中者为上料，名曰浙料。上高诸邑者为中，丰城诸处者为下也。"又曰："如上品细料器及御器龙凤等，皆以上料画成。"说明当时的官窑器及高级民窑青花所用的青料是浙料，较粗的民窑青花瓷器则用中料和下料。

值得重视的是，明末民间青花瓷器的图案装饰题材多样，完全突破了历来官窑器图案格式化的束缚。各种大小动物如虎、猫、牛、虾、鹭鸶、鹦鹉等全都入画，写意山水也较盛行，并且在画上配诗。日本陶瓷界所谓的"古染付"，即是对天启民窑青花瓷器而言。在景德镇发现的碎瓷片中，也能看出具有写意手法的青花图案。

第九章 兴与衰

　　兴与衰好像是一切事物产生、发展及消亡的宿命规律，湖田窑窑业的兴衰也不例外，这样的宿命总是让那些值得纪念的人和事在历史上留下诸多的遗憾，所以没有任何事物能够强大到可以独霸历史的启末。综观湖田窑址出土的器物，通过排比、归纳、分析和时代特征的探讨，基本上可以对湖田窑不同历史时期的窑业生产状况有一个较系统的结论，并从中寻找到湖田窑长达七百余年窑业生产的兴衰轨迹。

一、肇始期

　　五代是湖田窑窑业生产的肇始时期，起初是烧制青瓷，烧制过程中尽管出现少量的早期不成熟的白瓷，但不具备青白釉的典型特征，由于本书谈的是湖田窑青白釉瓷器的起始与发展，而不是青瓷，所以对五代时期的湖田窑瓷器烧制的状况不宜着墨太多。

　　据记载，20 世纪 70 年代，有学者刘新园先生一行考察湖田窑址时，发现两处五代遗存，一处在刘家坞东坡，另一处在龙头山西南向。在 20 世纪 90 年代初，中国社会科学院考古研究所和江西省文物考古研究所联合对湖田窑遗址进行保护规划时，又在豪猪岭、竹坞里两地发现有五代青瓷和白瓷的堆积。在 602 所基建工地，也意外发现了五代时期的一座龙窑，大量烧造青瓷，由于窑址埋藏较深，如挖掘不慎，容易塌方，故至今没有清理。

二、青白瓷的创烧期

北宋王朝建立之后，结束了朝代更迭乱象，经济开始复苏，湖田窑窑业这时也发生了一些变化，烧制技术取得了一定的进步。到了北宋前期，湖田窑青白瓷才真正萌芽创烧，此时为 1004—1022 年之间。由于制瓷原料、窑炉结构及烧制技术的改进，湖田窑的制瓷艺匠们在五代生产青瓷、白瓷的基础上创烧了青白瓷。

早期青白釉瓷的器形传承晚唐五代风格，类型较简单，主要以民用器

▲　[北宋] · 青白釉芒口印花碟一对

▲ [南宋]·青白釉带盖魂瓶·中国陶瓷博物馆藏

皿为主,有盘、碗、盏托、执壶、注碗、枕、盒等。初始器物往往质量不佳,如胎体较厚,胎质较粗,器身低矮,器足浅矮宽大,多以金银器作模仿对象,制式为瓜棱或葵口式。器物装饰较少,仅用刮刀在器物外壁刮出几道荷瓣或菊瓣,有少量纹饰折枝牡丹或折枝花果作点缀。施釉较薄,釉面浑浊而不清透,釉色偏土黄。采用了匣钵套装的方式装烧,五代时的支钉垫烧法仍继续沿用,只不过支钉数量大为减少而已,具体数量范围在三至七个支钉以内,注壶则是放在温碗中以支钉相隔一起烧成。

到了北宋中期,青白瓷经过短暂的创烧阶段后,迅速进入了发展时期,此时应该是1023—1063年之间。景德镇的窑业在宋代有了很大的发展规模,从当时窑址的分布格局上看,这时期的窑址非常多,总体数量大约有130多处。南河沿岸可谓是"村村陶埏,处处窑火",据考古发掘资料显示,绝大多数窑址的底层都有北宋中期青白瓷的堆积,从中我们可以感受到北宋中期景德镇地区制瓷业的宏大场面及青白瓷生产的盛大规模,也能体会到湖田窑在窑烟林立的竞争环境中，能保持约 600 年的鹤立鸡群是多么不容易。

　　青白瓷在这一时期的品种多样，器形丰富，烧造技术完全成熟，釉色纯正，晶莹润澈，实现了色泽如玉的境界。器物造型大多高大饱满，圆器和琢器是湖田窑各期同类品种中个体最大的，如各类瓷枕、温碗、盏托、执壶、折肩钵、梅瓶、高足炉、香熏、唾盂等。不过，有的器物则不然，如产量最大的盘、碗之类器物相对于前期来说，其底足变小、变高，器身由矮浅向高深演变，碗的胎壁由上而下逐渐加厚，形成直壁高足。

　　纹饰与技艺手法是瓷器品质的重要组成部分，在纹饰方面，如盘、碗内底常刻划水波、云气、团龙、牡丹、水草等纹饰；青白釉褐色点彩装饰也十分有特色；一些大型龙形枕、狮形枕等极具魅力。在装饰技艺方面，如划花、刻花、印花、捏塑及镂空技法；刻划花的"半刀泥"技法也正趋于成熟。在烧制方面，如瓷器装烧方式上遗弃支钉支烧法，采用垫圈或垫饼垫烧，并且单件瓷器入匣装烧，由于垫饼放在圈足内支撑器身，器底太薄容易变形裂胎，所以一般器物的圈足需要增高，器底需要增厚。

三、青白瓷的鼎盛期

　　北宋中晚期，也就是 1064—1127 年之间，湖田窑的青白瓷烧造技术如同鬼斧神工一般，已经达到炉火纯青的地步。一种瓷器的完美得益于胎、釉、工及窑内烧制的精确组合，湖田窑的艺匠们此时已完全掌握青白瓷的胎、釉与烧成温度之间的关系，器物品种大大增加，制作规矩，工艺精细，造型丰富，多姿多彩。此时还涌现出大量的陈设器、人物雕塑等新生瓷器，形式也是多种多样。三团鸾和三束莲团花，缠枝花卉和篦地折枝花卉，以及婴戏纹和印章款等，都是当时瓷器装饰最流行的图案。这些纹饰的特点是构思细腻、构图活泼、线条流畅、充满浓郁的生活气息。器物胎骨较轻盈，造型挺拔俏丽，玲珑剔透，如果以"饶玉"的标准审之，可誉为"薄如纸、明如镜、白如玉、声如磬"的上乘境界。

在青白瓷的鼎盛期，有几个特征引人注目，值得称道。

1. 贡瓷的生产

在中国陶瓷史上，湖田窑一直作为宋代南方一处杰出的民窑窑址而闻名于世的。一座优秀的民窑极易引起朝廷与官府的注意，窑址考古发掘证实，湖田窑在北宋时期也生产官窑瓷器，从产品的精度要求上分析，该窑起码是承担过生产朝廷用瓷的任务。湖田窑址内曾出土的一件青瓷瓶，观其底部刻有"迪功郎浮梁县丞臣张昂措置监造"的题记，该铭刻清楚地表明，张昂"监造"的瓷器就是朝廷用瓷，张昂在此自称"臣"，表明他效力的对象只能是皇帝，进而证实景德镇湖田窑在北宋中后期曾经生产贡瓷应该是可靠的，有据可考。

2. 装烧新技术

北宋中晚期，湖田窑的窑工们运用了"垫钵覆烧"来烧制盘、碗、碟等。即先用瓷土做好盘或垫钵，并把内壁分作数级搁台，然后将一件件芒口的盘、碗、碟等从小到大一级一级往上倒扣在垫钵上，再将垫钵放入桶状平底匣中堆叠装烧，这种方法改变了一器一匣的简单装烧法，可以一匣装烧十多件器物，使产量大大提高。由于受到垫钵和桶状匣两重匣具的保护，烧制的质量更为出色，器物的釉色更加莹润清澈。因此，北宋晚期的芒口器物，往往内外壁都有纹饰，"垫钵覆烧"技术的合理应用，是湖田窑青白瓷烧造出现繁荣景象的重要因素之一。

3.作坊专业化，产品商业化

　　一个窑口发展到鼎盛时期，一定是分工明确，制造流程细化，工艺环环相扣，精益求精。从湖田窑址发掘情况分析，这一时期的窑址已明确地形成分工与协作相互依存的关系。窑址出土的大量瓷枕和大量联子盒，都是集中烧造产品、窑业的生产垃圾也是集中废弃。北宋时期有一批碗类器物上，出现一种戳印带花边图案的文字，可以推断几种可能性，一是定烧产品的客户和商家的记号或标志；二是生产者的标志；三是产品质量的品牌标志。非常明显地带有商业意味，反映了当时窑业兴旺，名窑林立，各窑口之间为了争夺市场，不断提升窑址作坊的专业化，瓷器商品竞争之激烈可见一斑。同一时期烧制的粉盒，在盒底模印"许家合子记""段家合子记"等十多家作坊牌号。在烧制的执壶柄上模印"李十哥男小四削瓶""李十哥削瓶"等牌号，一方面反映了当时湖田窑有众多作坊在生产同类瓷器，模印牌号并加以区别。而且依赖作坊的烧制特

▲　[南宋]·青白釉塑花带盖魂瓶·中国陶瓷博物馆藏

点，形成了一些分工，有的以生产碗类著名，有的则以生产盒子或注子著名；另一方面也反映了当时湖田窑的制瓷水平很高，在市场上有强劲的竞争力，树立起了一批自己的名牌产品，十分自信地以作坊主的名号为招牌，行销名牌产品。

四、青白瓷的嬗变期

南宋时期（1127—1279 年），湖田窑经历窑业发展的鼎盛期和嬗变期。南宋前期，湖田窑的制瓷能力延续了北宋中晚期的辉煌，生产青白釉瓷器的水平与北宋晚期基本一致。这段时期的器物，造型与装饰丰富多样，器物的品种型制已达到最高峰。

此时窑址内有一个重要的变化，就是有的青白釉器物胎骨显得疏松，胎色泛灰黄，器物表面釉色失透，泛米黄色。到了南宋中后期，因为上层瓷石出现了枯竭，由于多种原因造成了北方市场的丧失，还有朝廷颁布的繁重赋税，加大了窑业生产的经济负担，以及其他诸多方面的问题，使得南河流域许多著名窑场纷纷停烧倒闭，湖田窑也不可能置身局外，其青白瓷生产也遇到了前所未有的生存挑战。湖田窑不愧为名窑，面对如此困境，湖田窑没有像景德镇其他窑场那样选择停业，而是积极探索，不断进行技术创新，终于摆脱了困境，找到了用"支圈覆烧"代替"垫饼支烧"的方法，大大提高了产品的烧成率及产品数量，安全度过了湖田窑业发展的最困难时期。

南宋中后期湖田窑窑业生产技术上最大的变革，便是采用"支圈覆烧"烧造的青白瓷。支圈覆烧法和北宋晚期的垫钵覆烧法相比较，不需依赖匣钵就能装烧同一规格的产品，大大节省了瓷土资源。它和匣钵仰烧法相比较，能增加装烧密度 4 倍以上，并节约燃料、减少变形和耐火材料。这一变革提高了窑炉装烧量、降低了器物变形率和节省了瓷土资源，同时也减轻了窑税负担，为渡过窑业生产的危机创造了条件。

但此时的青白釉瓷器类明显减少，形制更是锐减。覆烧芒口器占绝大多数，仰烧器却较少。主要有盘、碟、碗、斗笠碗、小杯、罐、盆、盒子等。器物个体趋小，形体变矮，胎质相对疏松，釉色青白之中闪黄。器物流行印花装饰，主体纹样有凤凰、芦雁、喜鹊等，常见有组合式博古盆景等。印花图案繁密，构图工整。

五、青白瓷衰退，卵白釉瓷和青花瓷的创烧期

1279—1368 年是元代湖田窑复兴的转折时期，其窑业堆积物大多分布在南河两岸的台地上，南山山坡上的元代遗迹堆积物主要分布在刘家坞至南、北望石坞一带。而且元代的遗迹最为丰富，保存得相对完好，在元代制瓷作坊群遗址内，有房基、路面、陈腐池、淘洗池、练泥池、蓄泥池、轮车基座、晾坯台、釉缸、水沟、窑炉等。功能布局形式规整有序，清晰再现了元代制瓷的工艺流程，充分说明了元代是湖田窑制瓷史上非常重要的时期。在此时期，湖田窑烧造的瓷器品种较多，有青白瓷、黑釉瓷、卵白釉瓷、青花瓷等。而卵白釉瓷和青花瓷的创烧，具有划时代的意义。

青白瓷每况愈下，器形较宋代而言少了许多，品种也较单一。除了常见的盘、碗日用瓷器外，出现了折腰碗、高足杯、仿铜器的鬲式炉、鼎式炉等。还有一些模制成型的小罐、盒、瓶等。在烧制的方法上，圆器主要沿用南宋以来的覆烧法，如盘、碗等。也有少量器物采用仰烧法烧

▲ [元]·白釉梅枝香炉

制，这类器物胎粗釉黄，内底带涩圈，品质低下。与南宋时期的芒口器相比，元代的芒口器胎骨细薄，制作随意草率，底足中心部位常见泥突，釉层乳浊，釉色泛黄，釉面多有碎纹。疾风之后，仍有顽草，宋代的"光致茂美"的特点在少量青白瓷的品质上依旧体现，但总体质量较差。芒口器的口沿及外底露胎处常见火石红，仍以印花为主和刻花为辅的方法来装饰器物，纹饰题材也与宋代相同，但印花图案大多较宋代简洁，且不甚规整。由于印坯时过于草率，加上釉层乳浊，使得印纹大多模糊不清。刻划花也较宋代简单，且刻痕较深，远不如宋代芒口瓷器精典雅致。

卵白釉瓷器是元代湖田窑新创的瓷器品种。元代早期的卵白釉瓷，因初创而器形较少，主要有浅盘、折腰碗和高足杯等；常在内底及内壁模印缠枝花卉和莲瓣等；早期器物釉色较青，与南宋的青白瓷类似，窑温不够而生烧的器物，其釉色呈现出灰青、米黄等色调。晚期器形多样，常见大盘、大碗、连座瓶及建筑类砖、瓦等；此时的釉面呈乳浊状，釉色偏白，失透，似鹅卵之白色；模印纹饰模糊不清，可辨有云凤、云龙、八吉祥纹饰及"枢府"款式。

元代湖田窑还有一新见之物，这便是青花瓷器。其生产的数量有限，迄今为止仍没有找到集中堆积的元青花遗迹。器形主要为大盘，另见小件瓶、罐等。青花所用的青料为进口的"苏麻离青"，主要属典型的"至正型"青花。青料使用有两种方法，即白地蓝花和蓝地白花，图案装饰与以往历朝风格截然不同，其繁缛而华丽。纹饰多见莲花、菊花、荷花、蕉叶、松、竹、葡萄、鸳鸯、麒麟等。胎质为典型的糯米胎，釉色多为青白色，莹白光亮。

六、衰落期

湖田窑的衰落期处在 1465—1566 年之间，正值明代。依据发掘资料显示，南河沿岸是明代湖田窑生产遗迹堆积的主要分布地。明代中期的马蹄形窑址、葫芦形窑址，以及明代作坊遗迹的存在，表明湖田窑在明代中晚期仍大量生产瓷器。

由于明代的湖田窑址既是瓷器生产区，又是生活居住区，从明代早期至晚期各时期多种釉色品种的瓷器在窑址均有发现，明显带有烧造痕迹的、数量最多的，除少量有空白期的特征之外，基本上属于明代中期弘治、正德至嘉靖时期的青花瓷器。

前期的器物特点是器形简单，注重实用，胎质较粗且白度不高，釉面泛黄或泛灰。使用乐平一带产出的青料绘制器物，国产青花的发色特征是淡雅、恬静。描绘布局疏朗，主要为白地蓝花。运笔肥润、圆柔。题材有缠枝花卉、仙人乘槎、岁寒三友、十字宝杵、回纹、卷草纹、"福"字、龟背锦、海水边饰等。

后期器物类型与前期一致，但器物胎体趋薄，质量总体下降。装饰题材丰富、构图新颖，艺术表现有写意绘画的意趣，自由豪放。有蓝地白花和白地蓝花等装饰形式。运笔的表现方式出现了分水之法，青花有浓淡分色之别。题材有折枝牡丹、缠枝莲捧八宝、螺旋花卉、月影梅、水草、花鸟、乳虎、排点、杂宝、树石栏杆、盆景竹山、寿山福海等。

衰落是必然，但衰落不等于消亡，湖田窑其优良的基因正在转化成适合自己发展的另一种形态，不计其数的制瓷窑口传承了这些优秀的基因，从横向上不断地对瓷器产品进行优化，深层次地影响中国瓷业的发展。特别是湖田窑的白瓷，不光是影响了中国瓷器的发展方向，而且还改变了中国瓷器的审美标准。

第十章　留白千秋

虽然白釉在湖田窑不是最早，但湖田窑的白釉技术改进最深入，延续的时间最长，对中国瓷器的影响最广泛，其历史意义更深远。可以说，没有湖田窑的白釉，就没有中国瓷器未来的成就与发展，其奠定了中国瓷器的审美基础，使中国瓷器在明朝、清朝及民国时期尽显芳华，如此灿烂辉煌！以至对当代瓷器依旧产生着巨大的影响，重建了中国瓷器发展的内在逻辑与标准，其创造格局是其他制瓷窑口所无法替代的。

湖田窑所取得的制瓷成就绝非偶然，其窑址位于现在的江西省，回顾一下江西省范围内陶瓷生产的历史，从中便可循到其发展规律，帮助我们更好地认识湖田窑，解读湖田窑。

一、山背遗址

山背遗址位于江西省九江修水县上奉乡山背村，包括跑马岭、杨家坪等43处遗址，上层为商代遗址，下层为新石器晚期遗址。它的发现有一段传奇故事。

20世纪50年代初期，居住在山背村跑马岭周边的村民经常有人患上

▲ [洪宪]·居仁堂粉彩碗盘五件套

一种无名肿痛的病。有村民就到山上采草药，敷在痛疽处。有一次，村民在山上采药时发现泥巴地里有许多三角形的大小石块，形似箭头，便拾了几块带回村里，称其为"阴箭"。

1961年夏，一名稍有文物知识的村民专门到跑马岭山上拾来一块三角形石块，送给文物部门的一位工作人员识别。这名工作人员看过之后也辨认不出，就送到当时的江西省文化管理委员会考古鉴定组鉴定。经鉴定，一致认定村民所说的"阴箭"，实为新石器时代晚期的文化遗物。

同年，江西省考古人员在这里对地下石器发掘后证实，山背文化遗址系公元前2800多年前的新石器时代晚期文化遗址，是长江中下游和鄱阳湖地区一种以段石锛和红砂陶为主要特征的文化遗存。山背文化、石峡文化、昙石山文化并列为中国东南地区三种代表性的新石器晚期文化。以山背遗址为代表的新石器晚期文化遗存，与江汉平原的屈家岭、浙江良渚、岭南石峡等处新石器文化有较多近似点，可见与这些地区的原始居民有不同程度的交往。

原始社会考古表明，九江的先民们早在中石器时代就在这里劳动、生息、繁衍。进入新石器时代，他们已经较熟练地掌握了制陶技术。新石器时代早期，陶制品就与江西万年仙人洞出土的陶品有相似之处。随后既有自身文化的发展规律，又受邻近各省文化的相互影响。到了新石器时代晚期，山背遗址下层那种以有段石锛和夹砂红陶为主要特征文化遗存，广泛地分布在鄱阳湖滨和赣江中下游地区，有人称这种文化为"山背文化"。

山背文化就其族属来讲，它应是三苗部落的文化遗存。三苗族也叫苗蛮族，这个氏族，大约在尧舜时，从中原被赶回南方到达长江中下游的。"尧战于丹水之浦，以服南蛮"，"昔以天下让舜，三苗之君非亡，帝杀之，有苗之民，叛入南海，为三苗国"，"昔者三苗之居，左彭鑫之波，右洞庭之水，文山在其南，而衡山在其北"。著名考古学家俞伟超教授认为："在洞庭、鄱阳之间，北抵伏牛山麓、南达江西修水一带的屈家岭文化为中心的三大阶段的原始文化为三苗遗存。"

山背文化是东南地区新石器时代晚期阶段的典型遗存之一，距今4300年左右，因首次发现于江西修水山背而命名。陶器成形基本手制，少量经慢轮修整。陶器可以分为夹砂红陶、夹砂灰陶、泥质灰陶、泥质黑陶和黑皮陶，其中以夹砂红陶的数量最多。三足器和圈足器比较普遍，器形以鼎、鬶、豆、簋、壶、罐、钵等为多见，其中大袋足带把鬶、杯形豆为典型器；鼎以侈口束颈鼓腹侧扁足的罐形鼎的数量最多，鼎足变化较多，有扁平、圆锥和羊角等式。鬶的特点是细长颈、瘦长袋足。豆有子母口的浅盘豆、盖豆和高杯形豆。陶器多为素面和磨光，部分饰"BR"形弦纹或齿形弦纹，个别器物出现了拍印几何纹饰，对我国东南地区印纹硬陶起源的研究有重要价值。

▲ [明·成化]·青花法轮团花纹碗

从已经发现的资料来看，位于长江中、上游的四川、湖南、湖北和江西等地区，烧造瓷器的时间要比长江下游的江浙地区晚一些，以目前对这一区域的古代窑址的发掘情况分析，很可能到晋代才开始设窑制瓷。

江西景德镇之所以能够成为中国著名的瓷都，且扬名世界，是有其历史根源的。江西是我国原始瓷的产地之一，制瓷基础比较好。根据墓葬资料，在三国时可能已开始烧制青瓷，西晋时已有较多的生产。

西晋时期的江西青瓷，坯泥经过淘洗，质地细腻，呈青灰或灰白色。器物内外施青绿，米黄或黄绿色釉，外壁施釉不到底，胎釉之间结合度不高，故釉易剥落，而且开冰裂纹。在东晋时，常见的制品有碗、盏、杯、盘、壶、罐、灯、唾壶和鸡头壶等日用器，冥器罕见。纹饰也极简单，除弦纹外，只在少数器物上饰褐色点彩。器物的造型与别地的瓷窑基本相同，具有较多的时代共性。唯盘口壶、鸡头壶和唾壶的腹部过分肥大，口颈嫌小，不及同时期的越窑产品优美。碗、盏流行大口浅腹，罐则盛行广口四系，盛取食物方便。有些蚕茧形虎子，提梁矮小，而口部特别高大，各部位的比例不协调。狮形烛台，模仿越窑西晋时的样子，只是腹部略嫌瘦小单薄。瓷胎细腻灰白，釉多数呈青黄色，少数为豆青色。

在江西丰城罗湖发现了南朝时的制瓷作坊。罗湖在丰城县的东北，赣江的西岸，距离南昌市约30公里。在罗湖南面的斜坡山、狮子山、寺前山、文龙包、外宋村的管家、对门山、南坪、下坊村的鹅公包和里宋村的尚山这一片红壤丘陵地发现了南朝至隋唐的瓷窑。窑址分布范围广，规模大，占地面积约3万余平方米。废品堆积层有厚达5—6米，足见古代瓷业十分发达。丰城在唐代属洪州，产品由舟船通过赣江转运，当天可达当时的州治所在地南昌，产销非常方便。因此，可以肯定这里的唐代瓷窑就是文献记载的"洪州窑"，而南朝时期的窑场则是洪州窑的前身。

从窑址的瓷片标本和南昌、清江、新干、永修等地南朝墓葬出土的瓷器，可以窥见南朝时江西瓷业的概貌。瓷胎以灰白色为主，堪称细腻，但烧成温度不高，釉面没有完全玻化。釉层均匀，釉色以青黄、米黄色为主，也有呈豆青色的。青黄釉中釉层普遍开裂，胎釉结合较差，釉层容易剥落。

二、角山商瓷

角山板栗山这片美丽天成的土地，蕴含着极为深邃的文化底蕴。3000年奔腾不息的童家河，冲刷不掉一层层商周文化的色彩。稻田下沉睡的土地，躺着无数精美绝伦的陶罐和青瓷，让我们在3000年后的今天依然能感受到当年连片窑火的温度，让我们在文明的彼岸依然能清晰眺望历史长河跌宕起伏的旋律。角山板栗山遗址位于鹰潭市区以东7公里的童家镇徐家村，面积达7万平方米，距今约3500年的商代晚期，甚至更早。

▲ [明·弘治]·青花边饰白地绿彩云龙纹盘·故宫博物院藏

位于江西鹰潭月湖区童家镇的角山商代窑场规模宏大，现存窑场总面积达 3 万平方米以上，是目前我国最大的一处商代窑场。1980 年初，文物专家普查时发现了这一窑场，继而对其进行了初步发掘，确认角山窑始烧于商代中期，终烧于商代晚期，迄今有 3000 余年的历史。

1983—2007 年先后进行了 5 次考古发掘，到目前为止，共发掘各类遗迹 22 处，确定规模面积 3 万余平方米。找到了陈腐池、练泥池、蓄泥池、蓄水池、排水沟、工棚、练成坑和灰坑等，基本上理清了窑址的文化面貌，再现了陶器制作的一系列过程。在出土文物方面，除三足盘、钵、罐、杯、器盖、豆、纺轮、网坠、陶拍、陶支座、陶垫等外，还有一些新的器形，如提梁罐、捏流带把罐、平底盏、圆柱形拍面陶拍、制陶工具杯形器、鸟首四乳钉器盖等，目前完整器物和复原器物已达 120 余件。另外还有相当数量尚未修复的和在遗迹中已暴露未提取的完整器物。

经过 20 年发掘的鹰潭角山窑址是我国商代大型窑场，是我国迄今为止发现时间最早的贸易化性质的专业性陶器生产基地。当时最先进和最早的窑作坊、完整的生产流程，以及最多的文化符号，充分地展现了角山古越民族所创造的一个又一个商代的"全国之最"。

　　角山窑址是商代（公元前 17—前 11 世纪）中早至晚期的窑址，距今约 3500—3100 年。农业是当时社会生产的主体，手工业是农业的附从，一般都难以形成规模，角山先民却例外地建起了规模化的陶瓷生产基地。这么大的窑场不要说是科技不发达的商代，就是在今天也是不能小视的。窑场之内陶瓷窑炉成群，在小范围发掘中已发现了烧成坑、马蹄形圆窑、龙窑近 20 座。出土文物十分丰富，已取得完整和可复原陶瓷器 3000 余件，陶瓷碎片几十万片，陶片成堆堆积，虽历经几千年风雨侵蚀和人为改变，仍留存有高达四五米的陶片堆积。窑场中大量的文物遗存表明，角山窑场规模宏大，生产鼎盛，而且连续生产 300—400 年，是商代独一无二的最大窑场。

　　角山窑址还是目前我国发现的最早的因交换而造就的窑场，是一批已从农业中分离出来的独立手工业者经营的专业化程度很高的窑场，计数符号的发现也证明这里生产和交换的规模已经非常宏大。

　　产品交换在商代已经有了显著的发展，不过这种交换往往以自产自销为目的，在贵族方国之中进行。角山窑场突破了方国的约束，人们不仅近距离交换，而且远销他乡，完全以贸易为目的。这里生产的陶瓷制品数量巨大，品种齐全，烹饪器、饮食器、盛贮器等日常生活用器，大致有瓮、缸、

▲ [明·弘武]·青花穿莲夔龙纹高足杯·台北"故宫博物院"藏

▲ [明·嘉靖]·青花番莲大腹碗·台北"故宫博物院"藏

尊、壶，小至有碗、杯、纺轮、网坠，可谓应有尽有，还有为数不少的祭器。这些产品不仅销于信江、赣江两地，鄱阳湖周围，而且影响远达福建、安徽、河南、河北、湖南、湖北，这是其他商周遗址所不见的。

目前已经发现不少夏商时期的制陶作坊，但多系单个窑炉，由农业生产者兼而作之。角山窑场则不同，这里的生产者是从农业中分离出来的独立的手工业工匠，他们劳作在窑场，吃住在窑区，专门以制陶为业。角山窑址出土了几千件文物，却没有一件农业生产工具，只见陶拍、陶垫、陶支座等制陶工具。陶拍十分考究，用于拍打器身的是正反两面刻着几何形花纹。柄长方形陶拍；用于器物肩部推滚压饰花纹的是圆锥形伞状陶拍；陶垫的形状则与半开蕾的蘑菇相似。因为窑场制陶工匠人数众多，为了使自己的用具不与他人互相混淆，陶拍陶垫的把手上都刻有专用标识符号。陶工们运用这些工具，采用泥条盘筑和快轮制作的方法，巧妙、熟练地制作出各种形状的陶器坯件，并在陶坯的不同部位刻划着属于自己所作的标识符号和计算产品数量的记数符号。这些坯件经过窑炉的烧制，件件端庄

湖田白瓷*美境*

朴实，美观实用，充分展现了角山专业陶工手艺的精湛和技术的高超。

陶瓷是泥土与火相结合的产物，自从认识了泥土经过火的焙烧可以变成器物以来，历朝历代的陶工们都在为提高陶坯的烧结温度而绞尽脑汁，经过 7000 多年的努力，好不容易从敞口坑穴进步到了圆形窑炉，角山窑址中的"烧成坑"被废弃成垃圾坑就是敞口窑穴退出历史舞台的物证。不过，普通型圆窑的火候仍然十分有限，角山先民在它的基础上进行改造，创造出了马蹄形圆窑，并在吸火孔上下功夫，开设了三个吸火孔，提高了对火焰的抽拉力量，使窑内火焰呈半倒焰状运行，窑温上升到 1100℃—1200℃，烧造出了不少原始青瓷，把圆窑烧制原始青瓷的发生期从东汉提前到了商代，向前推移了 1000 多年。角山窑更加可贵的是在马蹄形圆窑取得卓越成就的同时，用全新的理念，彻底摆脱了 7000 多年圆形坑穴和圆形窑炉的束缚，创造出了全国第一条长形斜坡式隧道窑——龙窑，为中华龙窑的起源提供了确切的物证。这在当时是一个了不起的创新，其震撼

▲ [明·万历]·青花龙凤纹盖盒·中国陶瓷博物馆藏

性影响深远，为以后 3000 多年的陶瓷发展历史所证明。

在商代圆窑系统与龙窑系统已在江南并存，半倒焰马蹄形窑与龙窑一样代表着江南地区窑业技术文化特征，并将半倒焰马蹄形窑的发生期向前推进了数百年，不仅为部分商代遗址陶器的烧造提供了确切的窑口依据，同时也为江南地区青铜文化的研究提供了新的资料。

迄今为止，角山是全国夏商陶瓷生产作坊遗址中唯一可以表现古代陶瓷生产完整过程的。角山已发掘作坊遗迹五处，它们包含着陈腐池、练泥池、蓄泥池、排水沟、蓄水沟、烧成坑、马蹄窑、成品库、工棚等。这些遗存清晰地展现了陶瓷生产从取土陈腐、炼泥、淘洗沉淀到制坯成型、入窑烧制、成品入库存放的全部过程，全面揭示了角山陶瓷生产的工艺流程，为研究我国早期窑业技术提供了宝贵的实物资料。

角山窑址出土的许多陶瓷器的口沿内外、手把上、器底部刻划着多种多样的符号，考古人员已经整理出来的有 2500 多个，比全国其他商周遗址出土的刻划符号的总和还多，实属罕见。专家们将这些符号初步划分为表数类、标识名号类、文字类、其他类，并对它们进行了比较深入的考证和研究，取得了良好的研究成果。这些刻划符号是当时社会最底层的劳动者用汗水和心血浇铸的，是研究中国文明起源弥足珍贵的资料。

江西鹰潭角山窑让我们看到商代中国古人的智慧，从如下的陶瓷工艺及技术成果，使我们对角山窑址文化的无比珍视。

1.鹰潭角山窑场所生产的原始瓷是在印纹硬陶的基础上转变而来的，从印纹硬陶到原始瓷的成分变化符合由陶向瓷转变的规律。

2.角山龙窑附近富集的白色瓷土以及从陈腐池、练泥池、蓄泥棚等作坊遗址采集的"青胶泥"均为制造原始瓷的原料。

3.角山原始瓷釉分为三类，分别为高 Ca 低 Fe 原始瓷釉，低 Ca 高 K.Na 原始瓷釉，以及介于它们之间的中 Ca、中 K.Na 原始瓷釉，基本上代表了原始瓷釉的组成特点。

4.角山原始瓷的烧成温度也与印纹硬陶相一致，更证明了原始瓷与印纹硬陶的关联性。但同时由于原料的改进，受烧成温度的限制，反而造成了角山原始瓷在吸水率和气孔率等物理性能方面的降低。

5.角山原始瓷在材料的选择和精制上比印纹硬陶有了一定的进步，为瓷器的产生打下了基础。

以诗结语："童家古河三千载，唤醒角山话商瓷。华夏符号第一窑，先人种树后人凉。由陶化瓷窥其貌，传承技艺本不忘。开天辟地属龙窑，古人精髓世人扬。"

三、唐瓷南窑

很长时间以来，景德镇因其作为明清两朝全国的瓷业中心而被人们熟知，美艳高贵的青花瓷更是成为景德镇瓷器的代言，然而把时间向更久远的历史推移，我们还会发现更多的惊喜——南窑的发现将景德镇的窑火追溯到了1200多年前的唐代中期。

南窑遗址位于景德镇乐平市接渡镇南窑村，窑址出土多达数十吨的窑具和瓷片标本，并发掘出两座龙窑遗迹、十个灰坑、一条灰沟和一条道路遗迹，其中一条龙窑长达近79米，是迄今发现的最长的唐代龙窑。龙窑是我国南方地区特有的一种窑炉形式，它依托于山体而建，形似长龙，利用山体自然坡度形成抽力，有利于形成烧造瓷器所需的还原焰。这条唐代最长龙窑遗迹位于南窑村窑山东南部，由窑前工作面、火门、火膛、窑床、窑墙、窑尾等几部分组成，它的发现为研究南窑的生产流程、窑炉砌造技术、烧造工艺和当时的社会经济史提供了依据。

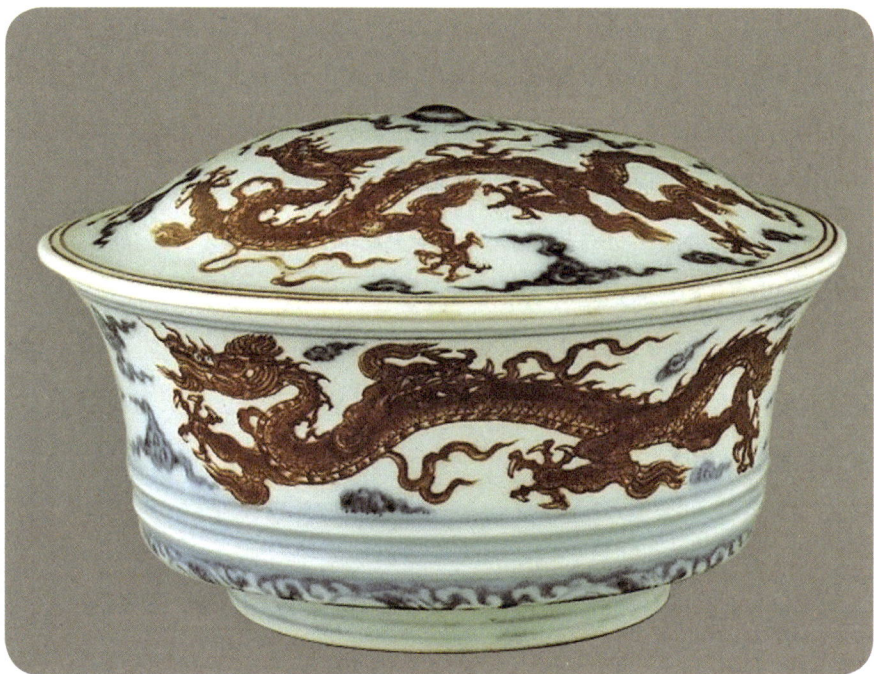

▲ ［明·宣德］·青花釉里红龙纹盖钵

　　南窑出土的遗物多具有盛唐至中晚唐的特征，所烧瓷器的产品多样，釉色种类丰富，有素胎器、青釉瓷器、青釉褐斑瓷器、青釉褐彩瓷器、酱釉瓷器，以青釉瓷器为主。青釉瓷釉质温润，釉色有青黄、青灰、青褐、黄褐、蟹壳青釉等，其中蟹壳青釉占绝大多数，部分釉面有冰裂开片。胎骨坚致，深灰胎居多。器物造型敦厚端庄，器形十分丰富，有双系瓶、双系罐、小瓶、执壶、碗、盘、盘口壶、灯盏、钵、水盂、盒、盆、腰鼓等，碗盘类瓷器流行圆饼足、玉璧底，只见少量的圈足碗。器物的装饰以素面为主，兼具釉彩装饰，装饰方法主要有模印、褐斑、褐色彩绘。

　　南窑作为一个民间商品性窑场，主要生产供普通大众使用的质地较粗的一般商品瓷，修坯不精、施釉不匀，明火裸烧后的瓷器釉面略显粗糙。

然而这并非说明南窑的制瓷水平低下，而是窑工们在产量、质量和效益上的权衡，他们将已掌握的工艺技术有选择性地用在不同类型的产品中。南窑还生产少量供上层社会使用的精品瓷器，胎质细腻、釉层均匀莹润，可与长沙窑、越窑的高档瓷器相媲美。

南窑窑址未见文献记载，但遗址出土的夹耳罐、穿带壶等具有重要的断代意义，夹耳罐是公元 800 年前后伴随海上陶瓷之路兴起而出现的标志性产品。由此可见，南窑生产的部分产品具有外销的性质。南窑的兴起并非偶然，而是唐代瓷业大发展的结果，青釉碗、盘、罐类器物的形制、装烧方法与湖南长沙窑、江西洪州窑、浙江越窑同时期的同类器物类同，尤其是模印方形系罐、大块褐斑壶、釉下褐彩瓷与湖南长沙窑的风格接近，制作工艺如出一辙。

南窑遗址的发现把景德镇地区的制瓷历史又向前推进了 200 年，古人总是留下很多耐人寻味的蛛丝马迹，牵引着人们去探索，去发现，去揭开它们神秘的面纱，南窑便是中国陶瓷史上的一颗沧海遗珠，透过它带来的惊喜和感叹！由此，景德镇瓷业的源头终于浮现在人们眼前。

引用《陶歌瓷赋——长江流域非物质文化陶瓷艺术》里的一首诗："绿坡丛林茯窑龙，南窑薪火燃瓷都。以民为念瓷亦贵，沧海沉浮现遗珠。"

四、刘家山窑

2006 年 3 月，江西省景鹰高速公路建设至余干县黄金埠上行村委新屋郑家的刘家山，全长 202 公里。其中余干境内全长近 30 公里，经过杨埠乡、黄金埠镇、梅港乡。这座被农田与小山坡围绕的村庄，被现代化的机械声打破了原始的宁静。阳春三月，雨后的太阳洒在地上特别的耀眼，被施工掘出的瓷片在柔和的阳光下熠熠生辉，众多的碎瓷片引起了工人们的惊呼，也引起了考古专家的关注。据了解，就在距刘家山窑直线距离约100米处，还发现了九妹山窑。对此，考古工作者依据有关历史文献，根据目测、走访、实地考察等形式，迄今已在公路施工沿线发现十余处文物点，推测黄金埠附近确有一个很大范围的青瓷系窑群。

2006年4月初，在景鹰高速公路余干县出口互通施工现场离主干道直线距离约300米处发现了一座古代窑址，它位于该县黄金埠镇上行村委会新屋郑家刘家山一带。4月21日起，文物考古人员对窑址500平方米范围进行抢救性发掘，迄今出土了大量民用青瓷实物。这些青瓷系中晚唐时期的产品，有力地证明了江西也是中国青瓷发源地之一。刘家山古窑址的发现，填补了江西陶瓷发展史上的空白，为研究唐代青花瓷烧制及江西青瓷窑业与吴越、荆楚文化开启了一扇窗口。消息传出，顿时引起全国考古界的强烈关注。

刘家山窑是一个生产民用青瓷器的龙窑，从该窑的窑业堆积层，发掘出器形相对完整的碗、盘、钵、碟、

▲ [明·永乐]·青花龙纹天球瓶·台北"故宫博物院"藏

盆、壶、罐、碗台及各类支烧具一千余件。这些出土的器物，其造型有的雄浑，有的精巧，釉色呈现柚青绿和青黄，色泽精美，为同时期江西窑址所罕见。初步研究发现，其中玉璧形又云古铜钱形状的碗底，属中唐盛行的烧瓷工艺。另外在许多青瓷碗内，发现有代表中唐烧制特征的五个梅花状的褐色点彩。另外体现中晚唐风格的还有双系青瓷壶、双系青瓷罐等。据了解，窑内还发掘出盛行于南朝的网线状窑砖，结论是刘家山窑的建窑时期上限可以到南朝。

阶梯状龙窑等多项发现在江西省内均属首次，在江西发现窑址并不稀罕，但是此次斜坡形阶梯状龙窑的发现，以及釉下褐彩瓷和瓷拍鼓的出土，在江西均属首次。

首先，刘家山窑属斜坡形阶梯状龙窑，该窑呈东西向分布，窑向偏东平面近船形，分为窑头、窑室和窑尾三部分。这类龙窑形制与结构在江西属首次发现。在此之前，时代最早的此类窑炉是四川的罗家窑，年代为北宋中晚期。因此，刘家山窑的发现可以说是迄今为止我国发现的最早一座阶梯式龙窑。

从福建、广东和江西广昌等地的现有资料来看，过去认为南方龙窑为"单体龙窑"，至元代才演变为"分室龙窑"，直到明代早期才发展到"阶梯龙窑"。此次发掘的黄金埠龙窑结构依山坡而建，有窑头和窑尾等部位，窑壁用砖砌起，直长约35米，斜长约40米，宽半米至3.2米，窑壁残高40厘米，可分为窑门、火膛、窑室、火道、烟孔、窑壁、隔墙等部分，整体看似属"分室龙窑"，但与江西各地迄今为止发现的唐代龙窑又不尽相同，是由"单体龙窑"演化而来的"分室龙窑"。这一"分室龙窑"结构为江西首次发掘，对研究窑炉发展历史具有重要意义。

2009年，江西省余干县还发现了一处保存完好的明代窑址，该窑位于瑞洪镇上湖与下湖之间，称曹家庄窑址，其结构属馒头窑。烧制建筑材料的砖块，高 2 米，宽 2 米，保存完好。砖块烧制精细，并印有"饶州府余干县提调"的铭文。据记载，明初朱元璋采纳朱升"高筑墙"的建议，大兴土木修建南京城，全国有 5 个省 125 个县负担烧砖事宜，当时的江西省就有 50 多个县烧制，余干县便是其中之一。

一个窑址的诞生，除了生活资料的需求、生产技术的存在以及历史文化的积淀外，还需要提供瓷器生产的自然环境和交通环境。余干县自古以来就是陶瓷原料之乡，瓷土资源非常丰富，灰、白、红、黑、紫五大类陶土齐全，且陶土品质高，在一个地方有五种颜色的陶土同时存在是比较罕见的，有"五色土"之美誉。相传余干瓷石自唐代开始就断续开采，余干瓷土在明代或明代以前就已成为景德镇制瓷原料的来源之一。明王宗沐《江西省大志》卷七《陶书砂土》条谓："余干不土八十斤直二钱……"《景德镇陶录》载："坪里（即平里）土、葛口土、皆祁门所产，自余干出，而坪里、葛口用者少矣。"刘家山窑址的发掘，不仅填补了余干境内无中晚唐窑址的空白，而且也印证了余干梅港瓷土开采于唐代的文献记载。

该县《县志》曾记载，汉唐时有船从梅港乡码头装载瓷石外运，但《县志》上不仅没有说明瓷石运往哪里，也没有记录余干县有自己的瓷器窑炉，这一直让关心余干县历史的人们感到迷惑，而此次发掘刚好为人们解开了这一谜团。

据当地一位老者说，他听以前的老人们讲述，这附近有许多烧窑的人家，但现在这里的人主要还是靠种田和外出做工为生。虽然现在只能看见曾经烧窑的泥土，但也可以想象在当时，这里至少是贸易繁盛的地带。余干县博物馆的学者认为，黄金埠本身就是一个"黄金码头"。通过信江，瓷器可以通过船运，入鄱阳湖进长江再转运至全国甚至世界各地。可见，刘家山窑的产品，具有外销中亚与西亚的极大可能，同时也是《太平广记》中屡述洪州商胡事的最佳实物注脚。由此证明，黄金埠在当时与西域文化的交流十分频繁。黄金埠极有可能是当地重镇，外销瓷品的出现也使有的专家认为，黄金埠在当时有可能是一个文化、经济的交流重镇。

　　学者对出土窑品的初步研究还表明，刘家山窑青瓷具有多种文化特色。余干早在秦始皇元年就已建立县制，有 2200 多年的悠久历史。楚、吴、越兴替，使余干处于"吴头楚尾"，刘家山窑址的产品正体现出这种文化多元交融的时代特征。如梅花形釉下褐色点彩，吸收了楚文化的特征，与长沙窑出土的青瓷品非常接近，而青绿色釉又是浙江绍兴一带越窑瓷品的典型特征，充分反映出赣与浙、湘等省瓷业的渊源。

　　另外，专家根据出土的"贞元"纪年款釉下褐色彩斑贯耳瓷罐残片，推断这些青瓷是中晚唐时期的文物，它们证明了江西也是中国青瓷发源地之一，填补了江西陶瓷发展史上的空白。同时，因为此窑的发现，相关学者建议将原有的"江西五大名窑"（景德镇窑、吉州窑、洪州窑、赣州七里镇窑、南丰白舍窑）增至为六大名窑。

　　唐代有不少瓷窑产品行销国内外，取决于当时兴盛的瓷业与良好的通商环境，并造就了这些青瓷系窑群的崛起。

　　刘家山窑址出土的这些青瓷器，其形制、釉色与浙江越窑青瓷、湖南长沙窑青瓷有密切联系，特别是胎上施褐彩的碗器

▲ ［明·永乐］·阿拉伯文青花烛台·故宫博物院藏

类，与长沙窑工艺如出一辙。这对研究唐代青花瓷有重大的意义。刘家山

窑址的发掘，在这个窑址附近的九妹山，还存在一个面积至少10平方公里的古代青瓷系窑群。填补了余干境内无晚唐窑址的空白，而且也印证了余干梅港瓷土开采于唐代的文献记载，为研究江西窑业与浙江、湖南的经济、文化的交流开启了一扇明窗。

黄金埠窑挖出唐代腰鼓，为青釉瓷质地，将改写江西省陶瓷发展史，在历时数个月的挖掘之后，窑址共发掘出土3000多件各类陶瓷制品和相关生产工具，其中一件唐代青釉瓷腰鼓堪称国宝。这件西域少数民族的打击乐器，是唐代江西省与中西亚地区文化、经济交流的力证，同时也说明了当时江西省水路交通的发达。黄金埠窑里出土了不少质感精美的青釉瓷腰鼓，均为江西多年陶瓷发掘所仅见。据测量，呈哑铃状的腰鼓残器长度最长的约40厘米，鼓面最大直径约20厘米，且瓷质细腻、手感光滑，属上等工艺制造。这些腰鼓又名拍鼓，原为西域少数民族的一种打击乐器。此前，我国只有河南鲁山段店窑、四川邛崃青瓷窑、湖南长沙窑等窑址出土过青瓷腰鼓。《新唐书》一、三、四卷曾有关于江西洪州窑青瓷器经鄱阳湖入长江，抵洛阳、长安后，再经丝绸之路到达中亚、西亚的记载。据悉，此前出土的唐代青釉瓷腰鼓在全国只有一件，目前收藏于北京故宫博物院。青釉瓷制腰鼓和刻有"贞元"，既唐德宗李适年号纪年款的青瓷罐残片为当地首见。考古学者说，它确切表明了黄金埠窑当年从事皇家官窑瓷器的生产，这也是全国范围内首次发现唐代官窑。

这些出土的器物，造型有的雄浑，有的精巧。按釉色可分为青釉瓷、酱褐釉瓷、月白釉瓷和釉下彩瓷等，色泽精美，为同时期江西窑址所罕见。刘家山窑出土了圆形和长方形两种青瓷砚，褐色花草纹的长方形砚台，造型如宋砚，而胎质与釉色却是唐青瓷质料，具有唐长沙窑釉下褐彩产品的风格，此方砚可能将我国方砚制造年代提前。在中国的制砚史上，青瓷砚始于三国，而盛产于晋、唐。之后，青瓷砚演进为圈足砚，但自唐代以后，青瓷砚被逐渐淘汰，而代之为长方形石砚。过去，学界均认为长方形石砚是宋以后盛行的砚式。但此次考古出土了一种由圆筒形支烧工具演变而来的圆形砚，上端为圆形，周沿有一道蓄水槽，下端为曲齿形圈足，圆形砚十分奇特，这类砚在江西各青瓷窑址尚属首次见到。

偏远宁静的刘家山小山村里，布满了星星点点神秘的古窑，千年的沉睡，低调而从容。隐藏着一段沉淀的历史，埋着一首静美的歌，用大地怀揣着通天的瓷质上品。

引用《陶歌瓷赋——长江流域非物质文化陶瓷艺术》里的一首诗："五色土染赣窑源，碎瓷划破古篇章。上林铜官如一辙，唐鼓敲醒刘家山。"

如果说以上所述证实了景德镇湖田窑的诞生及高超的制瓷技术绝非偶然，那么湖田窑的制瓷白釉配方技术，更是对后世的制瓷业起到了承上启下的历史作用，功在千秋！

由于元代的湖田窑发明了乳浊的白釉，称为枢府釉，其改变了青白釉的属性，是湖田窑发展过程中极其重要的转折点。所以接下来关于瓷器白釉的演变与发展，更侧重的是要谈到湖田窑对景德镇范围内诸多窑口的影响，乃至集合成景德镇制瓷业的总体概念，从此景德镇窑包括了城市辖区内湖田窑及其他诸窑。以下所述从明代开始，系统谈谈瓷器白釉自身的发展及与其他色釉之间的关系和相互作用。

五、明代瓷都

景德镇经历了漫长的瓷业发展，特别是在元代打下坚实的基础，造就了明代景德镇成为中国的瓷都。元代高岭土二次配方的运用，青花、釉里红新品种的烧制成功，以钴为着色剂的霁蓝和铜红高温单色釉的出现，以及描金装饰手法的运用，都为明代彩瓷和单色釉的辉煌成就创造了技术条件。但是，景德镇在元代的全国制瓷业中，还不能居于盟主的地位。因为当时的龙泉、磁州和钧窑等各大窑场仍具有相当大的规模。不过，进入明代以后，情况就有了显著的变化。景德镇以外的各大窑场，都日趋衰落，各种具有特殊技能的制瓷工匠自然会向瓷业发达的景德镇集中，造成了景德镇"工匠来八方，器成天下走"的局面。

景德镇位于昌江与其支流西河、东河的汇合处，四面环山。明代，浮梁县的麻仓山、湖田及附近的余干、婺源等地，都蕴藏着丰富的制瓷原料。优越的自然条件，也是使景德镇能成为瓷业中心的一个重要因素。

浮梁和附近地区，怀玉山脉绵亘起伏其间，山区多产松柴，可经昌江及其支流水运到景德镇，为烧窑提供了丰富的燃料。当时的民窑大多设于昌江及其支流沿岸。河水不仅可供淘洗瓷土，而且可以设置水碓，利用水力粉碎瓷土。丰富的自然资源，成熟的技术条件，在国内外市场需要的刺激下，明代景德镇的制瓷业在元代的基础上突飞猛进，顺理成章地成为全国的瓷业中心。

宋应星在《天工开物》中说："合并数郡，不敌江西饶郡产……若夫中华四裔驰名猎取者，皆饶郡浮梁景德镇之产也。"从这段话可以分析，明代景德镇所产的瓷器，数量大，品种多，质量高，销路广。从品种和质量说，景德镇的青花器是全国瓷器生产的主流，以成化斗彩为代表的彩瓷，是我国制瓷史上的空前杰作，永乐、宣德时期铜红釉和其他单色釉的烧制成功，则表明了当时制瓷工匠的高超技术与艺术水平。

景德镇在全国处于瓷业中心的地位，它不仅要满足国内外市场的需要，由于制瓷的工艺精湛，而且还担负了宫廷御器和明朝皇宫对内、对外赐赏和交换的全部官窑器的制作。

明代后期，随着制瓷业中资本主义因素的发展，民营窑场的激增，制瓷工匠的集中和瓷商的汇集，在嘉靖二十一年（1542 年），景德镇从事瓷业的，包括工场主和雇工的人数已达十万余，明万历时人王世懋在《二酉委谭》中记录了景德镇当时的繁荣景象："万杵之声殷地，火光炸天，夜令人不能寝。戏呼之曰四时雷电镇。"景德镇在万历时已与苏、松、淮、扬、临清、瓜洲等都会并列，成为有名的瓷都了。

景德镇的瓷业，民窑比官窑显示出较多的优越性。明代景德镇的民营瓷窑，除了生产供国内外市场普遍需要的一般产品外，还生产高级的细瓷器。嘉靖以后，凡属宫廷需要的"钦限"瓷器都由民窑生产。地主、官僚上层也需要一部分高质量的陈设瓷，争奇斗艳，以满足他们奢侈生活和夸耀其富贵豪华的需要。正是由于这些需求，造就了部分瓷器产品的精美绝伦，也是民窑工匠的智慧结晶。

嘉靖时期的王宗沐，带着世风不古的悲叹，记录了这种现象："利厚计工，市者不惮价，而作者为奇钧之，则至有数盂而直一金者；他如花草、人物、禽兽、山川屏、瓶、盆、盏之类不可胜计，而费亦辄数金；如碎器与金色瓮盘，又或十余金，当中家之产。"这些高级瓷器的销售地域亦比较广，"自燕云而北，南交趾，东际海，西被蜀，无所不至，皆取于景德镇"。

明代专门经营高质量的细瓷器并为宫廷烧造钦限御器的民窑有"官古器"户，较次于"官古器"户的有"假官古器"户、"上古器"户和"中古器"户等（见《景德镇陶录》卷二）。当时杰出的名家有隆庆、万历年间专仿宣德、成化瓷的崔国懋，既崔公窑；善于仿定的周丹泉；万历年间精制脱胎瓷的壶公窑。这壶公窑，过去有些记载说是姓吴，或姓昊，谓其别号十九，又称昊十九。近年来，在江西省景德镇出土了一件"吴昊十"的青花圆形墓志，证明壶公窑应为吴昊十九。"十九"是排行，他和吴昊十是兄弟辈。此外，万历年间的制瓷名家还有陈仲美及吴明官等。而烧制广大百姓日用瓷器的窑场，当时最突出的有"小南窑"。

御器厂"官搭民烧"的制度是对民窑产生影响的又一种方式，明宫廷每年所烧造的瓷器，在形式上也有一个预定的数字。从宣德年间开始，以工部所属的营缮所丞管理工匠，御器厂在政府系统应属工部营缮所管辖，每年通过工部颁发的烧造瓷器的额定任务，称为"部限"。但是，在部限以外，往往由于宫廷的需要又临时加派烧造任务，这种额外的加派称为"钦限"。嘉靖以后，瓷器烧造数字激增，御器厂一般只烧造部限的任务，而所谓的钦限任务，则采用官搭民烧的办法，分派给民窑完成。民窑根据派给的任务烧造，成器后，要经过御器厂挑选，并且百般挑剔。如民窑无法烧造或挑选者认为不合格，因而不能完成任务时，那么御器厂就将它自己烧造的器物高价卖给民窑，让民窑用这些买来的瓷器再上缴给御器厂以完成钦限。《江西大志，陶书》中曰："部限瓷器，不预散窑。钦限瓷器，官窑每分派散窑。其能成器者，受嘱而择之。不能成器者，责以必办。不能办，则官窑悬高价以市之，民窑之所以困也。"官搭民烧，名义上也付给工值，但是价格极低。在烧造青花瓷器时，由于民窑没有上等的青料，必须出钱购买，而内监则又用"以低青给诸窑，追呼其值"的手法来榨取。景德镇的民窑，遭受到这么多的盘剥和压制，必然大大阻碍了民窑瓷器生产的发展。

御器厂的特权式生产管理是极其落后的，不仅影响了民窑生产的发展，而且造成御器厂瓷器生产成本的提高，运输徭役繁重，给景德镇以及附近州县乃至江西全省带来了巨大的灾难。由于御器厂对瓷器的挑选极严，凡上缴的御器大多要"百选一二"，檠台、凉墩之类烧造"百不得一"，龙缸、花瓶之类"百不得五"，因此景德镇实际的烧造数量比上缴数量要超出许多倍。就当时来说，每件瓷器的成本耗费，已和银器的价值相近。万历二十八年（1600年），工科给事中王德宪曰："瓷器节传二十三万五千件，约费银二十万两。"可见每件瓷器的平均烧造费约为白银一两。而嘉靖朝好多年都在 10 万件以上，则每年的烧造费竟高达白银 10 万两左右。王宗沐在《江西大志·陶书》中曰"每岁造为费累巨万"是符合实际的，这笔巨大的金额往往要江西"竭一省之力以供御"。

彩瓷，从广义角度讲，应该包括点彩，釉下彩、釉上彩和斗彩，但习惯上所谓的明代彩瓷，是指釉上彩和斗彩而言。彩在瓷器上的运用，是制瓷艺匠者对自然写实性更进一步的追求。

明代釉上彩瓷的盛行，是我国陶工数千年实践的结果。早在新石器时代，人们就已认识到某些天然矿物如铁矿石、赭石、瓷土等，可以作为赭红、黑、白等颜色，在陶器表面绘成各种图案花纹，这就是著名的彩陶。汉代盛行的铅釉，是以铜和铁为着色元素制成的低温釉。到唐代，又进一步利用某些含钴、铁、锰的矿物在铅釉中的着色作用，从而制成了具有蓝、黄、绿、白等多种色调的唐三彩。宋代，我国北方磁州窑，采用毛笔蘸彩料，在已烧成的瓷器釉面上描绘简单纹饰，然后置于 800℃ 左右的窑温中加以烧制，使彩料烧结在釉面上，这种彩在宋代称为"红绿彩"。上述一些制瓷工艺的发明，大部分首创于北方及其他省份，后来陆续传入景德镇。景德镇的工匠们吸收了这些技术，并加以综合改进与提升，在明、清两代，他们对釉上彩的配方作了重要的改革。此外，人们还将釉上彩和当时已经比较成熟的釉下彩结合起来，成功创制了别具一格的"斗彩"。

彩瓷的发明是中国陶瓷史上的一个重要的里程碑，也是中国古瓷审美标准的重大变化与转移。它的出现使以往一贯占据统治地位的颜色釉逐渐退居次要地位，同时也使某些历史名窑，如浙江的龙泉窑和河北的磁州窑等从此陷于一蹶不振的境地。

明代彩瓷的兴起，除了上述关于彩料和彩绘技术方面的因素外，还应归功于白瓷质量的提高。因为有了细腻洁白的白瓷做底，绚丽多彩的画面才能更好地表现出来。明代釉上彩常见的颜色有红、黄、绿、蓝、黑、紫等数种，它们所采用的着色剂以及相应的工艺，将在清代的陶瓷部分中加以叙述，现将明代彩瓷按品种和时代分别介绍如下。

除了以上类型的瓷器外，明代景德镇的高温单色釉和低温单色釉瓷器都有很大发展。《南窑笔记》除记述了永乐、宣德时期的甜白、霁青、霁红外，并曰："月白釉、蓝色釉、淡米色釉、米色釉、淡龙泉釉、紫金釉六种，宣、成以下俱有。"同时，还记载了明代直隶"厂官"窑的色釉制品："其色有鳝鱼黄、油绿、紫金诸色，出直隶厂窑所烧，故名厂官，多缸钵之类，釉泽苍古，配合诸窑，另成一家。"从传世的实物看，永乐时期仿龙泉釉、仿影青，宣德时期的酱色釉、洒蓝和成化时期的仿哥窑器也都有较高的水平。

元代的青花釉里红已经成熟，明代宣德的釉里红瓷器亦有传世。《遵生八笺》曰："宣德年造红鱼靶杯，以西红宝石为末，图画鱼形，自骨内烧出，凸起宝光，鲜红夺目，若紫黑色者，火候失手，似稍次矣。"这种宣德釉里红三鱼高足杯，上海博物馆有收藏。明代单色釉最突出的成就是永乐、宣德红釉和蓝釉，成化孔雀绿和弘治黄釉。

六、清代瓷都

清代陶瓷器的产地在全国是比较广泛的，制瓷窑口比比皆是。不过和明代一样，能代表整个时代水平的制瓷产地，仍然是瓷都景德镇。

由于战乱，朝代更迭，清初时景德镇的制瓷业一度处于停滞状态，即使官窑的生产也不例外。直到康熙十九年（1680 年）前后，景德镇的制瓷业才在明代的基础上得到恢复，并有了突飞猛进的发展，当时的景德镇承袭了明代的风采，又成为一个制瓷业繁荣的城市。

清初人沈怀清曰："昌南镇陶器行于九域，施及外洋。事陶之人动以数万计。"法国传教士昂特雷科莱，其汉名殷弘绪，于康熙五十一年九月一日在饶州发出的一封信中，更形象地描述了景德镇的概况："景德镇拥有一万八千户人家，一部分是商人，他们有占地面积很大的住宅，雇用的职工多得惊人。按一般的说法，此镇有一百万人口，每日消耗一万多担米和一千多头猪……《浮梁县志》上曰：昔日景德镇只有三百座窑，而现在窑数已达到三千座……到了夜晚，它好像是被火焰包围着的一座巨城，也像一座有许多烟囱的大火炉。"殷弘绪所列的数字，可能有一些夸大，但景德镇制瓷业的盛况确实存在。

乾隆初，唐英在《陶冶图说》中也记载了当时的实况："景德镇袤延仅十余里……以陶来四方商贩，民窑二三百区，工匠人夫不下数十万，藉此食者甚众。"清代前期瓷都景德镇的繁荣局面，主要是民窑烧造瓷器所造成的。

景德镇的官窑器是由设在那里的御器厂经办的，明清两代御器厂不全相同。清代御器厂的督窑官不同明代那样由中官来担任，因此也没有出现过像潘相那类贪暴的太监所激起的民变；更重要的一点是，经办御器改变了明代派征夫役的封建性劳役剥削的形式，而采用了以金钱雇佣劳动力的方式。清代实行"官搭民烧"的制度，这种"官搭民烧"的办法在明代后期已经部分地实行了。清代康熙十九年以后，就成为固定的制度。官窑器大多在"色青户"中搭烧，它占用最好的窑位，烧损要赔偿，对于窑户来说，仍然是一种厉害的盘剥。但与明代相比，它的骚扰面较小，强迫使用的无偿劳动也大为减少，因此对于景德镇瓷业发展的阻力也要少许多。由于御器厂集中了优秀的制瓷工匠，为了满足宫廷奢侈生活的需要，可以不计工本地提高质量和仿制古代的名窑器，创制新品种。对高质量产品的需

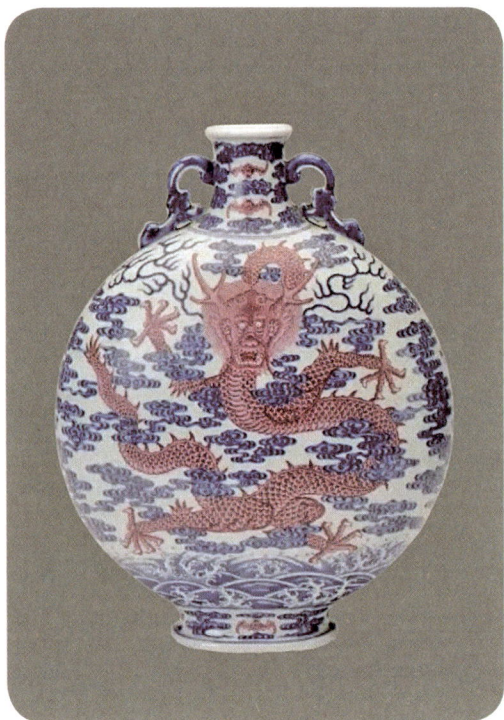

▲ [清·乾隆]·云龙纹胭脂彩扁壶·故宫博物院藏

求，大大促进了制瓷技术的创新与进步，并促使景德镇整个瓷业的蓬勃发展。

御器厂所制的官窑器，只供宫廷使用。除了由帝王赏赐以外，即使最高贵的皇亲国戚，也不可能自御器厂中直接得到官窑器。清代满汉贵族所用的各种优质瓷器，一般都来自民窑中的"官古器"；"此镇窑之最精者，统曰官古。式样不一，始于明。选诸质料，精美细润，一如厂官器，可充官用，故亦称官。今之官古，有混水青者，有淡描青者，有兼仿古名窑釉者……"此外，稍次于"官古器"的，有"假官古器"及"上古器"等。尽管这些都是民窑，但它们供应的对象显然都是达官贵人。不论是御器厂的官窑器，还是民窑的"官古器"、"假官古器"和"上古器"等各类细作瓷器，都是无数优秀制瓷艺匠的智慧结晶。

在清代，有的督窑官对制瓷业的发展确实起到过一定的积极作用。康熙年间有个著名的"臧窑"，那是指臧应选督造的官窑，据光绪《江西通志（陶政卷）》九十三记载："十九年九月，奉旨烧造御器，令广储司郎中徐廷弼，主事李延禧，工部虞衡司郎中臧应选、笔帖式车尔德，于二十年二月驻厂督造。"《大清会典事例》卷九百记载："二十七年，奏准停止江西烧造瓷器。"这段时间，景德镇的官窑瓷器由臧应选负责督造，因此习惯上称为"臧窑"。《景德镇陶录》记述这时期的官窑器品种曰："土坯腻，质莹薄，诸色兼备，有蛇皮绿、鳝鱼黄、吉翠、黄斑点四种尤佳。其浇黄、浇紫、浇绿、吹红、吹青者亦美。迨后有唐窑，犹仿其釉色。"臧窑的成就，重点在单色釉，从传世康熙官窑瓷器的情况看，除了这里所说的鳝鱼黄和黄斑点外，其他几乎都能得到证实。

　　从文献记载中得知，刘源和郎廷极也是康熙朝监制官窑瓷器的官员。还有，刘源本人是一个很有声誉的书画家，当时官窑器上的图案绘制很可能有些就是出于他的手笔。至于郎廷极监制的"郎窑"，过去有人把它说成是意大利画家郎世宁所创，又有把它看作是顺治朝的巡抚郎廷佐所督造。事实上，应该是康熙四十四年至五十一年在江西任巡抚的郎廷极所主持的。至于郎窑的瓷器品种，从康熙时人刘廷玑《在园杂志》和许谨斋的诗稿中看，也可能不仅是通常为人称美的所谓"郎窑红"一种。《在园杂志》说郎窑："仿古暗合，与真无二，其摹成宣釉水颜色，橘皮棕眼，款

▲ ［清·光绪］·青花婴戏碗

▲ [清·嘉庆]·青花缠枝莲瓶·费城艺术博物馆

字酷肖，极难辨别。予初得描金五爪双龙酒杯一只，欣以为旧，后饶州司马许阶以十杯见贻，与前杯同，询知乃郎窑也。又于董妹倩斋头见青花白地盘一面，以为真宣也。次日，董妹倩复惠其八。曹织部子清始买得脱胎极薄白碗三只，甚为赏鉴，费价百二十金，后有人送四只，云是郎窑，与真成毫发不爽，诚可谓巧夺天工矣。"许谨斋诗说郎窑是"比视成宣欲乱真"。可见，郎窑除了以仿制宣德的红釉为其突出成就外，还有仿明代脱胎白釉器和宣德青花等成功之作。

此外，《在园杂志》还提到"熊窑"。熊窑究竟有哪些珍贵品种呢？目前的研究结果还无法肯定。北京故宫博物院所藏清宫内务府造办处档案中，有下述记载："雍正四年三月十一日，圆明园送来……熊窑双管扁瓶一件、熊窑梅桩笔架一件、熊窑小双管瓶二件、熊窑海棠式洗一件……熊窑冰裂纹圆笔洗一件。"又曰："乾隆三年九月初八日，七品首领萨木哈来说，太监毛团交……熊窑纸槌瓶一件。"也可惜实物无存，我们无法观其全貌，品鉴欣赏了。

　　雍正四年（1726年），年希尧以管理淮安关税务之职，兼管景德镇御窑厂，即所谓"年窑"。《景德镇陶录》曰："年窑，厂器也，督理淮安板闸关年希尧管镇厂窑务，选料奉造，极其精雅。驻厂协理官每月于初二、十六两期，解送色样，至关呈请，岁领关币。琢器多卵色，圆类莹素如银，皆兼青彩，或描锥暗花。玲珑诸巧样，仿古创新，实基于此。"雍正年间瓷器制作的仿古创新，成就十分突出，但把它都归功于年希尧是没有充分依据的，制瓷艺匠的勤劳智慧倒是应该一提的。

　　所谓的"唐窑"，大多指唐英于乾隆二年督查管理景德镇御窑厂以后至乾隆十九年（1754年）（其中乾隆十六年曾一度停止）这段时间生产的瓷器而言。但事实上，唐英于雍正六年即到景德镇御厂"驻厂协理"窑务。他在《陶人心语》中曰："予于雍正六年奉差督陶江右，陶固细事，但为有生所未见，而物料、火候与五行丹汞同其功，兼之摹古酌今，侈贫崇库之式，茫然不晓，日唯诺于工匠之意旨。……用杜门，谢交游，聚精会神，苦心竭力，与工匠同其食息者三年，抵九年辛亥，于物料、火候，生剋变化之理，虽不敢谓全知，颇有得于抽添变通之道。"《景德镇陶录》记述唐英督窑的功绩曰："公深谙土

▲ [清・康熙]・青花鱼龙纹高足盘・台北"故宫博物院"藏

▲ [明·同治]·吉祥如意款粉彩岁朝婴戏图大盘·故宫博物院藏

脉、火性，慎选诸料，所造俱精莹纯全。又仿肖古名窑诸器，无不媲美，仿各种名釉，无不巧合，萃工呈能，无不盛备，又新制洋紫、法青、抹银、彩水墨、洋乌金、珐琅画法、洋彩乌金、黑地白花、黑地描金、天蓝、窑变等釉色器皿。土则白壤，而坯体厚薄惟腻。厂窑至此，集大成矣。"这里所列举的瓷器品种，唐英于乾隆元年所作的《陶成纪事碑》中几乎全都囊括并载入，同时也说明了这些制瓷成就，应该在雍正年间就已经取得了。

唐英不仅是一位官员，还是一位实干家，而且还能将工作中的经验加以总结，他在乾隆元年写的《陶成纪事碑》和乾隆八年所编的《陶冶图说》是我国清代制瓷工艺史上的重要文献资料。

通常所说的清三代时期瓷器辉煌，就是指清代前期的康熙、雍正、乾隆三朝，达到了我国制瓷工艺的历史高峰。明代已有的瓷器工艺和品种，在清早期大多有所提高或创新。例如康熙青花的发色鲜艳纯净，别具风格，康熙五彩因发明了釉上蓝彩和墨彩，比明代的彩色更多样；而且由于烧成温度较高，比明代的釉色更加透彻明亮；斗彩的品种增多，单色釉中雍正青釉的烧制达到了历史上的最成熟阶段，黄、蓝、绿、矾红等色釉也有很大的提高。明代中期一度衰落的铜红釉和釉里红，在康熙和雍正时期都已恢复并获得进一步发展。

有许多新的彩釉和经典品种都是这一时期创制的，如釉下三彩、粉彩、珐琅彩、墨彩和天蓝釉、乌金釉、松绿釉、珊瑚红以及采用黄金为着色剂的胭脂红等。

清代早期，白瓷胎中高岭土的用量比明代高出许多，原料的选择和加工比以前更加合理，烧成温度与现代硬质瓷的要求无异。此外，在窑具和窑炉的改进、

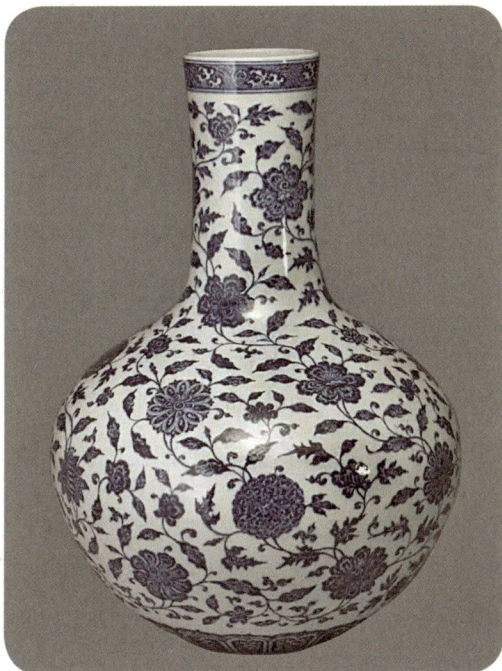

▲ [清·雍正]·白地青花花卉天球瓶·台北"故宫博物院"藏

烧成和气氛的控制技术等方面也比明代益加精进。从技术角度看来，我国传统的制瓷工艺在清代早期就已经非常成熟了。清代白瓷的质量可以说达到了制瓷历史上的最高水平。康熙五彩、雍正粉彩和珐琅彩的突出成就，和当时白瓷胎、釉的高度精细分不开的。乾隆时期发明了很多特种制瓷工艺，当时仿古、仿其他工艺和仿外国瓷的制品都极为精致突出，青花和釉里红瓷器烧造技术的进一步提高。

七、回光返照

　　花无百日红，人无千日好。事物都有起因，有摸索，有发展，有变化，有巅峰，有衰落，也有消亡，中国陶瓷的发展同样摆脱不了这个规律。在清代的前三朝，中国瓷器无论从胎炼、釉料、制作工艺、品种、窑炉、艺术表现等，都达到中国乃至世界历史的最高峰。自此以后，清代中晚期的中国古代制瓷业每况愈下，官窑产品质量逐渐拙劣，毫无继承与创新可言，特别是到了清代晚期及民国时期，可谓一落千丈。

　　在中国历史上出现了这样一个人，与传统瓷器荣耀的最后一搏有着重要的关系，此人便是中华民国时期的始末皇帝袁世凯。宣统三年（1911年），辛亥革命爆发，晚清朝廷不得不重新起用袁世凯，10 月 14 日任命其为湖广总督，统领北洋军镇压社会进步。10 月 27 日，又任命其为钦差大臣，率水陆各军南下阻止进步党人的北伐。11 月 1 日，清廷授袁世凯为内阁总理大臣。至此，袁世凯取得了清朝廷统治下的全部权力。孙中山以清帝退位，袁世凯赞成共和为条件辞职，并推荐袁世凯接任临时大总统。民国元年（1912 年）2 月 15 日，南京参议院应孙中山的咨请，选举袁世凯为中华民国临时大总统，同年 3 月 10 日在北京就职。1913 年初，袁世凯密令总理赵秉钧派刺客将宋教仁暗杀于上海火车站。7 月，袁世凯在国外势力的支持下，镇压了孙中山领导的"二次革命"。10 月 6 日，袁世凯在北京派出军警包围国会，胁迫议员选举他为民国正式大总统。11月 4 日，下令解散国民党。民国三年，又下令解散国会。后废除具有宪法性质的民国《临时约法》。民国四年，接受日本灭亡中国的"二十一条"。同年 12 月中旬，袁世凯颁布帝位申令，下令改公元 1916 年为洪宪元年，改总统府为新华宫，预定 1916 年元旦举行登基大典。袁世凯做了 83 天的皇帝后，于 3 月 22 日宣布取消民国政体。公元 1916 年 6 月 6 日早上袁世凯在民众的嘘声中死亡，死后葬于彰德，今河南安阳。

袁世凯为圆皇帝梦，做了大量的准备工作，其中有一项就是瓷器，他把登基之年改为洪宪元年，此时为登基庆典活动所生产烧造的瓷器称为洪宪瓷，也是民国时期唯一高质量的官窑瓷。

在 1911—1938 年之间，出现了高品质的民国瓷器，如果不算珠山八友的瓷器，它们与当时的官窑和类似的官窑为最好的瓷器，既原清官窑环境的"官窑内造"款瓷器、江西等五省办的"江西瓷业公司"款瓷器和民国袁世凯授意办的"居仁堂制"款瓷器。

袁世凯称皇帝之前成立了大典筹备会，当时的瓷学专家郭葆昌奉大典筹备处命令，专程赴江西景德镇为袁世凯烧制专供称帝后使用的"御瓷"。在景德镇，郭葆昌利用江西瓷业公司的实力，重金聘回原御窑厂在造型、上釉、绘画、填彩、焙烧各工序的名手，选用精良瓷土、彩料、燃料，进行实验制作。每件瓷器入窑之前，郭葆昌都要一一过目，质量不过关的不准入窑；出窑时，他又每件检验，烧制不成功的，仿照前朝全部砸碎不留。由此，他监督烧造的瓷器成品件件精品，胎釉精白，彩质纯净而绘画工巧。款识分为两种，"居仁堂"款是给袁世凯烧造的，"觯斋"款是为自己所用的。而"居仁堂"款的瓷器，据称只烧制成功三套餐具和文具。

居仁堂原名海宴楼（堂），是慈禧太后所建。后袁世凯称帝后将该殿作为寓所，并改名为居仁堂。"居仁堂制"款瓷，是正宗的"洪宪"瓷，是督陶官郭葆昌邀集清朝御窑厂的高手，由著名陶瓷家鄢儒珍负责，以雍正、乾隆朝最优秀的瓷器为蓝本，精心仿制，主要画面应该是富贵喜庆，柴窑烧制，款为当时流行的四方手书红圈款。这就是民国经典之瓷"洪宪瓷"。

由于"居仁堂制"款真品的制造数量本来就相当少，又因袁世凯仅

▲ 粉彩八仙图瓷板图一·[王琦]   ▲ 粉彩八仙图瓷板图二·[王琦]

▲ 粉彩八仙图瓷板图三·[王琦]　　　　▲ 粉彩八仙图瓷板图四·[王琦]

▲ 粉彩荷花图瓷板图一·［程意亭］　　▲ 粉彩荷花图瓷板图二·［程意亭］

▲ 粉彩荷花图瓷板图三·[程意亭]　　　▲ 粉彩荷花图瓷板图四·[程意亭]

▲ [刘雨岑]·粉彩金地万花开光花鸟图双耳瓶

仅做了 83 天的皇帝，加上民众对袁世凯的称帝行为的鄙视，以及袁世凯垮台后时局的一直动荡，所以，能够保存下来的真品数量是少之又少。近期，"中山舰"上打捞出一件"居仁堂制"款的瓷花瓶，除画面不很喜庆外，质地相当好。由于中山舰是 1939 年沉入江底，距离 1916 年有 23 年的时间，且舰官级别不高。所以，到底该瓶是不是"居仁堂制"款的真品或者后仿品还很难有具体的结论。

民国时期随着封建帝制的灭亡，"官窑"已成为历史名词。袁世凯称帝后，1916 年以后景德镇瓷器以水彩和粉彩为主，郭葆昌在当时督烧的御用瓷器，便成为近代藏家追逐的稀世珍品，世称"洪宪瓷"。

八、瓷都余晖

　　从中国的宋元两朝开始，景德镇的制瓷业都受到历朝官府的关注与重视，起初只是皇宫与各级官府的使用需求，后来逐渐演变到作为定制的奢侈品与艺术观赏品。由于瓷器的实用价值大，形式美观，深受国内外使用者的喜爱，其市场需求量大，各朝官府都看到瓷器生产有极大的经济利益可图，纷纷设立官窑，定样订单的批量生产，在满足皇宫及官府的使用之外，还大量销往全国乃至世界各地，加大朝廷的经济收入。

　　特别是明清两朝官窑的设立，集中全国的人才和物力，保证了皇家官窑景德镇陶瓷的质量，陶瓷的胎体精细、釉质润净、制作规整、品种多样，特别是颜色釉瓷的精细讲究，极大程度提高和规范了瓷业的生产能力与质量，促进了瓷器高端品质的发展。同时，由于制瓷流程的分工细化，机械性地按指定式样烧制，制瓷艺匠们没有办法在创作过程中按自己的理解去尽情发挥天然的

▲　[汪野亭]·粉彩山水图四方瓶

▲ [徐仲南]·粉彩石竹图文具

艺术个性，制造热情与信心遭受了极大的挫折，成为中国景德镇陶瓷艺术发展的桎梏。

景德镇不愧为人杰地灵、人才辈出，尽管清朝国力的日益衰败，皇家御窑厂的逐渐衰落。仍然有一批出类拔萃的民间优秀陶瓷艺术家异军突起，他们张扬自己的艺术才能与个性，阐述自己对瓷的热爱与理解，意图重新点燃即将熄灭的千古窑火，用尽毕生之力去谱写土与火的壮美绝唱，珠山八友就是其中技艺超群的代表人物。

晚清御窑厂停烧后，有部分制瓷艺匠流落到民间，并从事粉彩和瓷板画的创作，其中珠山八友就是当时的制瓷名家。珠山八友的名称是"月圆会"，这里的"八友"分别是：王琦、王大凡、汪野亭、邓碧珊、毕伯涛、何许人、程意亭、刘雨岑。这其中江西人除外，王大凡、何许人和最年轻的艺人刘雨岑，他们分别是徽州黟县、徽州歙县和安徽太平（今黄山市黄山区）人。如果算上徐仲南、田鹤仙，珠山八友实则是十个人，这并不前后矛盾。正如"江西诗派"也并不全是"江西人"一样，所谓"以味不以形也"。月圆会"珠山八友"也可以是指一个画家群体，这样一种形式迄今为止仍受到瓷画家们的效仿，在绘画上他们追求清代中期"扬州八怪"的风骨。

珠山八友在中国景德镇陶瓷艺坛活跃了近百年，其中年龄最大的徐仲南生于清朝同治十一年（1872年），比年龄最小的刘雨岑（1904年）长32岁。这个时期，中华民族正处于国破家亡，匹夫有责的动荡时代，珠山八友在继承景德镇陶瓷艺术传统的基础上，广泛汲取景德镇民间陶瓷艺术的营养，效仿扬州八怪之精神，以海派艺术家为楷模，融入西方陶瓷艺术风格和技法，洋溢时代的气息和对祖国的深情，耗尽毕生的精力投入瓷艺创作，为后世留下许多惊世之作。

"珠山八友"形成了那个特定时期瓷器的代名词，虽然学术界对八人的定位还有一些分歧异议，但这并不是很重要。就像我们对待"扬州八怪"的态度是一样的，因为我们可以撇开这些

▲ ［王大凡］·粉彩舞双剑人物图胆瓶

▲ ［何许人］·粉彩雪景人物图壶

不定性的名词争论，去实实在在地研究他们的作品。作品才是品评一切艺术价值的标尺和媒介。通过王琦、王大凡、汪野亭、程意亭、邓碧珊、刘雨岑、徐仲南、田鹤仙、毕伯涛、何许人等人的创作作品，我们发现的是这样一个群体共同延续了景德镇瓷器的余韵，也是他们使得人们在近代景德镇的瓷业史上找回了一些自信与希望。

　　有种现象在中国陶瓷史上是鲜见的，"珠山八友"便是这个文化现象，而在中国绘画史上却是相当普遍的"画派"现象。"珠山八友"的出现是有特殊的历史文化背景，在明清以前的陶瓷工匠是为朝廷官府服务的，身份和创作没有自主性，也没有结社的社会条件，他们的身份就是受雇者。到了近代，陶瓷工匠的身份得到了改善，并获得了极大的人生自由和个性释放，于是他们就像其他文人一样具备了形成艺术雅集或艺术社团的条件。他们往往有共同的志趣或人生目标。王大凡在《珠山八友雅集图》

中是这样表述的："道义相交信有因，珠山结社志图新。翎毛山水梅兼竹，花卉鱼虫兽与人。画法唯宗南北派，作风不让东西邻。聊得此幅留鸿爪，只当吾侪自写真。"这种带有自娱意味的直抒胸臆，让人看到了无奈，也看到了景德镇瓷业的危机萧条之局面。

冲破明清官窑的藩篱，像一股清泉，一泻而下，不可阻挡。如王崎描绘在瓷器上面的人物，汲取了黄慎的写意手法，表现出人物的衣纹和风姿，获得颇为奇妙的效果。王大凡不用玻璃白打底，直接将彩料涂到瓷胎上的落地彩技法至今影响着景德镇陶瓷艺人。邓碧珊是第一个在瓷板上描绘人物肖像的瓷画家。汪野亭在前人的基础上，以中国画的泼墨技法，在瓷器上绘山水，同样出现墨分五色的中国画效果，给景德镇陶瓷的山水作品注入了新的生机。刘雨岑凭借自己深厚的功底，创"水点"技法，在景德镇陶瓷粉彩艺术上产生了极大的影响，这种技术后来运用于烧制中华人民共和国主席专用瓷，被誉为当代红色官窑。"珠山八友"思想成熟的时候，清朝的统治已经结束，这在陶瓷的创作思想上是获得了彻底解放。

景德镇的瓷艺匠人可谓人才辈出，千年窑火铸就了艺匠人的胸怀与情操，他们满身泥土，却

▲ [邓碧珊]·粉彩鱼藻图瓷板

留下艺术的芳香，他们辛苦劳作，却留给后世无尽的财富，他们忠于瓷艺，世代传唱瓷的神曲，他们的汗水浸满了中国陶瓷的历程，成就了中国陶瓷史的辉煌。放眼当下，我们要记住中国近现代的陶瓷名家，他们在默默地探索，谨记瓷祖的宏愿，传承那星星窑火，维系那曾经耀眼的瓷的尊严。

书写至此，湖田窑白瓷那淡淡的影青，犹如湖水涟漪中的白月，孤傲而闪烁，渐渐地平静，隽冷地漂浮在水中。流年的时空已无法将她唤醒，白得似少女般的青涩，莹透而利落。没有慵懒的温润，却充满了涌动的朝气。她刚从我们眼前经过，即将回到千年的从前。虽然挽留不了她的身躯，但留住了她不同时期的气韵，还有她启迪人们美的意境，告诉后世，其美唯美！

附　录

▲　［宋代］·定窑白釉划花折腰碗

▲　［南宋］·青白釉花口瓜棱刻花洗

▲ ［北宋］·青白釉花口划萱草盘

▲ ［北宋］·青白釉划花五娃斗笠碗

207

附 录

▲ ［南宋］·青白釉葵口划花斗笠碗

▲ ［南宋］·青白釉印花龙首水注

▲ ［南宋］·青白釉婴戏碗

▲ ［南宋］·青白釉折沿素面洗

▲　[五代]·青白釉刻莲平肩瓶

▲　[北宋]·定窑白釉划花折腰碗

▲　[北宋]·定窑白釉刻花洗

▲ [北宋]·青白釉塑莲三联体盖盒

▲ [北宋]·青白釉瓜棱蝶结执壶

▲ [北宋]·青白釉花口划萱草盘

▲ [北宋]·青白釉折肩钵

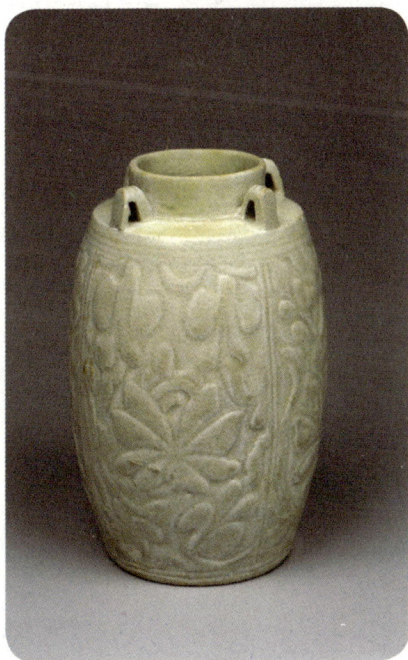

◀ [北宋]·青白釉四系刻花瓶

▲ ［北宋］·青白釉钮盖瓶

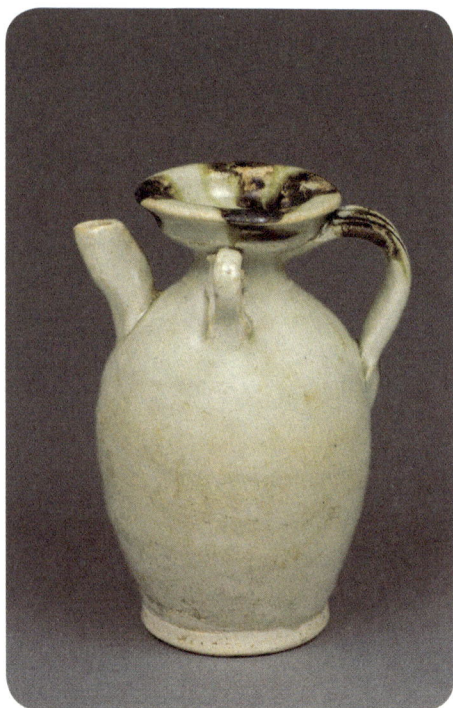

▲ ［北宋］·青白釉褐彩盘口水注

◀ ［北宋］·青白釉划花五娃斗笠碗

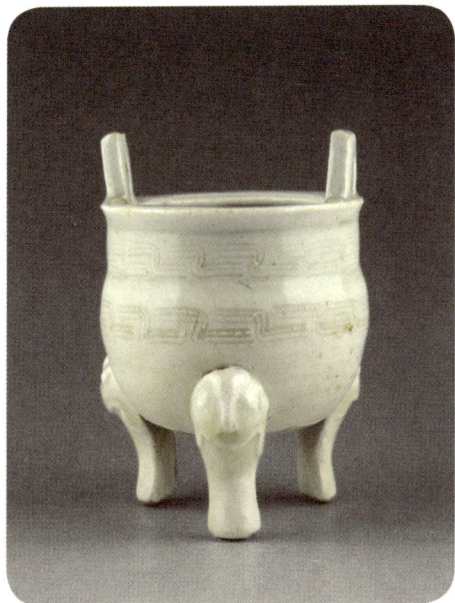

▲ [南宋]·青白釉双耳兽足炉

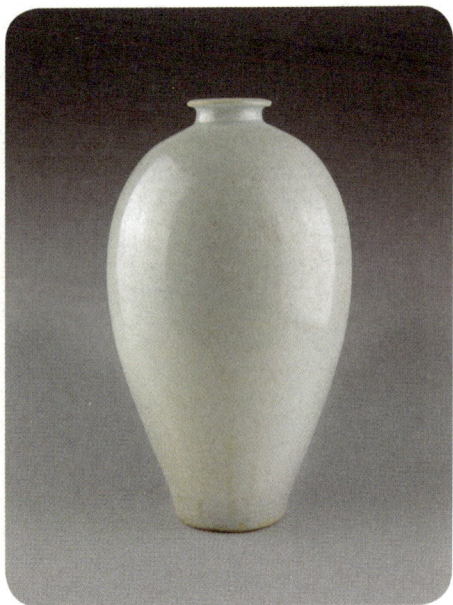

▲ [南宋]·青白釉篦纹梅瓶

▲ [南宋]·青白釉花口瓜棱刻花洗

▲ ［南宋］· 青白釉宝相瓶

▲ ［南宋］· 青白釉折沿素面洗

▲ ［南宋］· 青白釉玄纹罐

▲ [南宋]·青白釉婴戏碗

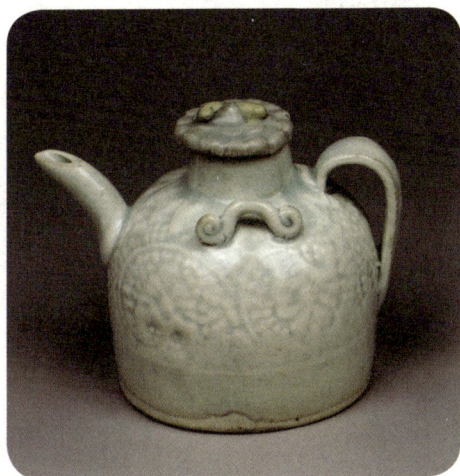

▲ [南宋]·青白釉印花水注

▲ [南宋]·青白釉葵口划花斗笠碗

▲ [南宋]·青白釉印花龙首水注

▲ ［元代］·青白釉瓜棱盖罐

▲ ［元代］·青白釉瓜棱水注

▲　[元代]·枢府釉印花盘

▲　[元代]·青白釉观音塑像

参考文献

[1] [美] 薛爱华著,程章灿译,《神女:唐代文学中的龙女与雨女》,美国:1973 年版。

[2] 叶喆民著,《中国陶瓷史》,北京:生活·读书·新知三联书店 2006 年版。

[3] 耿宝昌著,《明清瓷器鉴定》,香港:紫禁城出版社、两木出版社 1993 年版。

[4] 王梦林著,《历代名窑诗谱》,武汉:华中科技大学出版社 2017 年版。

[5] 李铁锤著,《巴蜀古陶瓷文集》,成都:四川美术出版社 2013 年版。

[6] 滕磊、达微佳著,《中国古窑的故事》,济南:山东画报出版社 2008 年版。

[7] 王梦林、王者著,《陶歌瓷赋——长江流域非物质文化陶瓷艺术》,北京:中国出版集团 2019 年版。

[8] 江西省文物考古研究所、景德镇民窑博物馆编著,《景德镇湖田窑址》(上、下册),北京:文物出版社 2007 年版。

[9] 肖发标编著,《景德镇枢府窑作品集》,武汉:湖北美术出版社 2006 年版。

[10] 中国硅酸盐学会主编，《中国陶瓷史》，北京：文物出版社 1982 年版。

[11] 冯先铭主编，《中国古陶瓷图典》，北京：文物出版社 1998 年版。

[12] 商晏雯、王梦林主编，《历代名窑图谱》，武汉：华中科技大学出版社 2017 年版。

[13] 龙泉市博物馆编，《比德尚玉》，杭州：西泠印社出版社 2014 年版。

[14] 摩根深，《试论角山窑的年代、分期及其相关问题》，《考古》1996 年 1 月。

[15] 江西省文物考古研究所，《鹰潭角山商代窑址试掘简报》，《江西历史文物》1987 年第 2 期。

[16] 江西省文物考古研究所，《江西鹰潭角山窑址试掘简报》，《华夏考古》1990 年第 1 期。

[17] 吴瑞、郑泽群：《江西鹰潭角山窑址出土印纹陶片的科技研究》，见《古陶瓷科学技术国际讨论会论文策》，上海：上海科学技术文献出版社 2002 年版。

[18] 陈俊荣，《浅谈陶瓷釉下彩陶》，《陶瓷科学与艺术》2014 年第 9 期。

[19] 杨永善，《论民间陶瓷的属性与特征》，《新美术》1988 年第 4 期。

[20] 张嗣介，《赣州七里镇窑青釉瓷的烧造工艺》，《南方文物》1993 年第 4 期。

[21] 韩振飞，《赣州现存的宋代文史古迹》，《南方文物》2001 年第 4 期。

后 记

　　搁下笔，经历三年多的时间，总算完成了这部著作。回想起来，内心没有轻松的感觉，好像此书并没有写完，由于受到考古发掘的限制，仍有许多历史秘密还深藏在大地里，呈现在世人面前的资料并不系统与完整，加上国内古陶瓷学术领域既成事实的结论，很难以独到的思路进行突破。

　　书中对景德镇湖田窑白釉瓷的产生、发展及影响作全面的叙述，目前在国内涉及的相关研究成果甚少，所以在写这本著作的过程中多次进行田野调查，走访民间，在博物馆参学，建立了白釉瓷片的档案资料并用于归纳、分析与研究，其中的艰辛仍历历在目，有许多陪伴我考察且一路上帮助支持我的朋友，他们的身影仿佛就在我的眼前，特别是我在景德镇偶遇的黄彬先生，初识就陪我调研考察，寄赠我许多珍贵的瓷片标本，当我再次去田野调研时，依旧陪我走完行程，沿途采集标本，为避免我感染深山细菌，在山中池塘里帮我清洗标本，使我至今难忘！

　　此书涉及大量的图片资料，意大利罗马美术学院的艺术家王者先生拍摄了著作中几乎所有的瓷器照片，以独到的视角对中国古代瓷器作出了新的阐释，是中西艺术表现的完美结合，使本书锦上添花。写作期间，由于调研过程复杂，论述资料需反复推敲，延迟了出版时间，十分感谢人民出版社洪琼编审的理解与支持！同时，湖北工业大学对出版本著作给予我的支持与帮助，在此一并感谢！

　　对于此书中的序，思考着请一位熟知我的学者来写，而且能站在宏观的学术高度来对此书作出审视。十分荣幸，著名学者、武汉大学哲学学院彭富春教授愿为拙著作序，这是对我莫大的鼓励，其深厚的学识一定会为我开启智慧之门，除了谢意，我会永久珍藏这份情意！

　　　　　　　　　　　　　　　　　2019 年 4 月 24 日写于延昌草堂